JN069013

Thriving with
ADHD Workbook
for Kids

自分の強みがわかって自信がつく
60 の楽しいワーク

ADHDと
いっしょに！

著 **ケリー・ミラー**

訳 **池田真弥子**　監修 **日戸由刈** 相模女子大学
人間心理学科教授

TOYOKAN BOOKS

大人の方へ

　今この本を開いているのは、ADHDのお子さんがいる親ごさんでしょうか。あるいは、学校の先生やカウンセラーの方かもしれませんね。ADHDについてもっと学びたい、子ども自身にも関心をもたせたいと思われたことに拍手を送ります。大切なお子さん、生徒、クライエントのために、ADHDと向き合い、変化を起こそうとしているのです。

　わたしの名前はケリー・ミラー。臨床ソーシャルワーカーです。ADHDを持つ子どもや、その子たちをケアする大人の支援に携わっています。それから、家にもADHDの子どもがふたりいます。ひとりじゃありませんよ、ADHDの子がふたりです！　母親として、日々の苦労やイライラ、心のいたみをよく知っています。怒りのあまり台所に座りこんで泣いたこともあるし、感情が爆発して自分を抑えられなくなる経験もしました。子どもたちは、そろってファミリーレストランから追いだされたこともあります。

　当時は必死に戦っていました。もっと小さな子でも親の言うことを聞いて静かにしていられるのに、どうしてうちの子にはできないのだろうとなやみました。でも、この診断名ゆえの言動を理解し、受け入れられるようになったことで、わが子の独特の才能、創造性、感性、ユーモア、ものごとのとらえ方のユニークさに気づくことができました。振りかえってみると、ADHDの子どもたちはわたしにとって最高の教師でした。心からそう思います。

　ADHDは、付きあい方を知ってることで武器になります。そのことを、子どもたちに理解してもらいたいのです。本書では、いわゆる**「ストレングス・ベースド（強みを生かす）アプローチ」**を採用しています。子どもたち一人ひとりの強みに焦点をあてるということです。子どもの自信は、自分の長所を知るところから育つのですから。

　ADHDの子どもは、自分の欠点をある程度知っていて、もしかしたらすでに否定的な自己イメージを持ちはじめているかもしれません。それは、本人の成長にとっていい

ことではありません。わたしたち大人の役割は、子どもを励まし、ADHDとともに生きる術を教えることです。そういうスキルは、特に子どものうちに習得することで、大きな力になります。

　親として、臨床家として、大人がつきっきりにはなれないこと、子どもの忍耐力に限界があることは、よくわかっています。ですから、本書のワークは、子どもたちが「自分でできる」ように、最大限シンプルなものにしました。用意するものは少なく、ワークの内容は幅広く、ということも心がけています。自分の特性を知ることから、スケジュール管理、友だちづくりにいたるまで、必要なことは全部つまっています。なにより、担当していた子どもたちやわが子に効果があったものだけを、載せるようにしました。

　自発的に、自分流にこなしていく子もいれば、だれかといっしょのほうが効果的に取りめるという子もいるでしょう。その場合、大人が参加することになるかもしれません。内容によって、とても簡単だったり、難しかったりするはずです。それでよいのです。全部がしっくりくるとはかぎりません。子どもの性格や年齢によって違ってきます。

　ときどき、お子さんから、手伝ってほしいと言われるかもしれません。立ったまま宿題をやったり、洗面所の鏡にふせんを貼ったりするところを目撃して、不思議に思うこともあるでしょう。子どもたちが自分自身について学ぼうとするとき、だれかといっしょにやりたくなるのも、ひとりで読んでやってみたくなるのも自然なことです。大切なのは、前向きな気持ちでやってみること、子どもの心に自信が生まれることです！！

　注：本書は、一人ひとりに合わせた治療プログラムの補足として活用するものです。

この本を読んでいる
あなたへ

ようこそ、はじめまして！ わたしの名前はケリー。ソーシャルワーカーとして、ADHDの子もたくさん知っています。

　子どものうちは、なにをやっても楽しいのが当たり前。学校でもどこでも、子どもがつらい思いをするなんて、まちがっています。だからわたしは、この本をつくりました。ADHDの子が、頭の中を整理しやすくなるように、自分の力をめいっぱい出せるように、役立ちそうなワークを、たくさんつめこみました。

　はじめに、ADHDのことを説明させてください。うちには、レミーというADHDの８才の子どもがいます。レミーの言葉をかりれば、ADHDとは「ぼくの頭の中にいる困ったヤツ」です。
　レミーの言うとおり、ADHDがあると、脳は決められたとおりに働くことが、難しくなります。その影響は、一人ひとりちがいます。ひといちばい元気いっぱいな子、落ちつきがない子、ぼんやりしがちな子、毎日宿題に泣かされる子もいるでしょう。だからといって、できない子ではありません。ただ、もっと工夫やサポートが、必要なんです。くわしいことは、この本に書きました。

　目が悪い子のことを、考えてみましょう。メガネをかけている子は、メガネがなくても少しは見えます。でも、メガネをかければ、はっきりくっきり見えるので、がんばって見ようとしなくていいんです。メガネに、サポートしてもらったほうが、楽ですよね。ADHDも同じことです。楽しくワークに取りくみながら学び、テクニックをおぼえることで、それがサポートになるといいな、と思います。

ADHDは、生まれたときから、あるものです。自分のせいだとか、自分がなにかしてしまった、ということではありません。お父さん・お母さんの育て方とも関係ないし、なにかを食べたから、というのもでたらめです。**あなたは、あなたのままで最高です。**

　それに、あなただけじゃありません。ADHDの子は、世界中に何百万人もいます。大人になってオリンピック選手になった人、人気のタレントやミュージシャンになった人、CEO（最高経営責任者、会社でいちばんえらい人のこと）や学校の先生、医者、消防士、エンジニア、芸術家、ジャーナリスト、それからソーシャルワーカーにも、ADHDの人がたくさんいます。[1]

　あるところに、デイブ・ピルキーというADHDの男の子がいました。学校では、トラブルばかり。空想の世界ににげこんでは、スーパーヒーローのお話を考えたり、絵にかいたりしていたそうです。のちに、デイブが生みだした作品、それが『スーパーヒーロー・パンツマン』シリーズです！

　歴史上ずばぬけてかしこかったアルバート・アインシュタインも、ADHDだったと言われています。ADHDがあってもなくても、みんなには、すてきな人生が待っています。わたしに、お手伝いをさせてください。

　いっしょに、新しいテクニックを試してみませんか。やってみたら、きっとすぐに、ADHDとうまく付きあっていける方法が、見つかると思います。おもしろかったワークや、心にのこった言葉があったら、ペンで線を引いたり、ふせんをつけたりしてみましょう。確認したくなったときに、便利ですよ。

　準備はいいですか？　では、始めましょう！

ADHDといっしょに!　もくじ

第 1 部 ／ ADHDと自分

1章　自分のADHDをよく知ろう …………………………………… 10

2章　自分の得意と苦手 ………………………………………………… 22

第 2 部 ／ ADHDの言いなりには、ならない!

3章　イライラ、怒り、大爆発に、そなえるテクニック ………… 36

第 3 部 / ADHDとうまくいくように

第 1 部

ADHDと自分

　ADHDにはどんなタイプがあって、あなたをどんなふうに、しているのでしょう。読んでいて、「ぼくのことみたい！」とか、「わたしも同じことしてる！」と思う部分があるかもしれません。ふだん自分のしていることが、ADHDとどこでつながっていたのか、ピンとくるかしれません。

　あなたには、自分のことを、もっとよく知ってほしいと思います。すんなりうまくできることもあれば、なかなかうまくいかないことも、あるでしょう。でも、かんぺきな人なんていないし、だれでも、もっといいほうに変われます。いちばん大切なのは、やってみようと思うこと、新しいやり方を怖がらないことですよ！

1章

自分のADHDをよく知ろう

　ADHDについて、知らない人が、たくさんいます。この本を読んでいるあなたには、わたしからお話ししましょう。そうしたら、今度はあなたが、また別の人に教えてあげられますよ！

　まず、くりかえしになりますが、ADHDは、自分のせいでもなければ、自分で選んだことでもありません。

　そして、今より少しだけADHDにくわしくなれば、ADHDが、自分の中でなにをしているのか、それに対して自分はなにができるのか、わかるようになるんです。

ADHDと脳

　ADHDは、脳の特性です。ただ、脳というのは、とてもややこしいもので、脳のしくみを全部学ぼうと思ったら、何年もかかります。だから、ここでは、あなたが自分のことを知るために、役立つ（ついでにひとつかしこくなれる）ところだけを、見ていきましょう。

　脳の中には、前のほうに「前頭葉」という場所があります。この「前頭葉」を使って、脳は、頭の中を整理したり、やる気を出したり、感情をコントロールしたりします。じつは、この前頭葉という場所は、脳のリーダーなんです！　ADHDの人の脳では、このリーダーが、とってもマイペース。リーダーとして、たよりにならないわけじゃありません。自分のペースで、働いているだけです！

　いったい、どういうことでしょう？　たとえば、車でどこかに出かけるとき、渋滞することが、あります。渋滞しても、目的地にはたどり着けますが、予定よりはおそくなります。ADHDの脳も、同じです。頭の中を整理したり、感情をコントロールすることは、できるんです。ただし、思ったほどスムーズには、進まないかもしれません。ADHDがあると、脳はこういう仕事に、時間がかかります。

　ところが、おもしろいことに、考えるスピードは、むしろ速くなるということもあるんです。だからADHDの人は、すごいアイデアを、次から次へと思いつくんですね！

人とちがう

　自分のことを、ほかの人とはなんだかちがう、と思うことは、変なことではありません。うちにはお父さんしかいない／お母さんしかいない、歯ならびを直すワイヤーをつけている、みんなより背が高い／低い、病気をわずらっている、かみの毛の色が明るい……。気になることは、いろいろあります。
　ADHDのせいで、自分はダメだなんて、思わないでください。ADHDあってのあなたです。あなたは、あなたのままで最高なんですよ。

3つのタイプ

　ADHDには、3つのタイプがあることを、知っていましたか？　多動・衝動がめだつタイプ、不注意がめだつタイプ、混合タイプの3つです。自分のタイプを知ることは、大切です。なぜなら、ADHDが、毎日のできごとにどうかかわっているか、つきとめることができるからです。そうすると、どんな工夫をすればよいか、わかるようになります。それぞれのタイプについては、これからくわしく見ていきましょう。

　自分はどのタイプなのか、ADHDの影響はどれくらいか（「ほんの少し」から「まあまあ」、「かなり」まで）、知りたいときは、お医者さんが力を貸してくれます。自分では、まだよくわからないかもしれないけれど、大丈夫。それをつきとめるのは、お医者さんやお父さん、お母さんの仕事です。

　わたしは、ADHDのタイプを、動物にたとえるのが好きです。あなたに、にているタイプはあるかしら？

多動・衝動がめだつタイプ
"はつらつとしたハチドリ"

　子どものADHDとしては、いちばん多いタイプです。このタイプの人は、高速で羽ばたきつづけるハチドリのように、動きまわるのが大好き！　座っているより、立っていたいし、そわそわモゾモゾしがちです。よくしゃべり、ときには早口で、とことん走りまわります。それに、どんなことでも知りたい、やってみたいという好奇心のかたまりです。言いたいことが、たくさんありすぎて、ほかの人がしゃべっているのに、わりこんでしまったり、答えを先に言ってしまったり、自分をうまくおさえられないことがあります。

「多動・衝動」タイプは、こんな人

- 座っているより立っていたい
- そわそわモゾモゾ
- とにかくおしゃべり
- 早口
- 好奇心いっぱい
- 話にわりこむ

- 答えを先に言う
- 自分をうまくおさえられない

12

不注意がめだつタイプ
"流れに身をまかせるカモ"

　不注意がめだつタイプの子は、先生や親から言われたとおりに行動するのが苦手で、ほかのことに気を取られがちです。川にうかんで、アメンボや魚をながめているうちに、思わぬところへ流れつくカモのようです。お医者さんが「不注意型ADHD」と呼んでいるタイプです。

　このタイプの子が、うっかりミスをするのは、集中すること、頭の中を整理する（計画を立ててやっていく）ことが、得意でないからです。そんなつもりはないのに、しょっちゅう上着をなくしたり、宿題を忘れてしまったりします。『ファインディング・ニモ』では、ドリーが、こんなふうに言っていました。「思ったことが、頭から消えちゃうの」。

「不注意」タイプは、こんな人

- 指示どおりに、行動するのが苦手
- ほかのことに気を取られがち
- 集中できない
- 行き当たりばったり
- なくしものが多い
- 忘れっぽい

混合タイプ
"まっ先に飛びだす野うさぎ"

　野うさぎは、ささいなことも見のがしません。いつもあたりをキョロキョロ見まわして、ピンときたら、一目散にかけだします。混合タイプでは、野うさぎみたいに、ADHDの特徴が、良くも悪くも発揮されます。

　工夫をこらすことが得意で、頭がよく、どんどん行動できる子が、たくさんいます。でも、学校では、苦労しているかもしれません。宿題を忘れてしまうことも、あるでしょう。ときには、ほかのことを考えて上の空だったり、急に別のことを始めたりします。それに、じっとしていることがありません。混合タイプの人は、不注意の症状も、多動・衝動の症状も、両方あるということです。

混合タイプは、こんな人

- 座っているより立っていたい
- そわそわモゾモゾ
- とにかくおしゃべり
- 早口
- 好奇心いっぱい
- 話にわりこむ
- 答えを先に言う

- 自分をうまくおさえられない
- 指示どおりに、行動するのが苦手
- ほかのことに気を取られがち
- 集中できない
- 行き当たりばったり
- なくしものが多い
- 忘れっぽい

あなたは、どのタイプに、いちばん近かったかな？　なんだか自分みたい、と思ったところに、〇をつけてみましょう。

男の子と女の子、どっちが多いの？

　ADHDの男の子とADHDの女の子、どちらも同じくらいの人数だろう、と思ったあなた、正解です。小さいうちは、女の子よりも男の子のほうが、お医者さんから診断されることは、多いかもしれません。でも、研究者が調べてみたら、女の子は、大きくなってから診断を受けることが多いということが、わかりました。ですから、同じくらいの数になるんです。

　ただし、ADHDが、どんな形であらわれるか、それは人によってぜんぜんちがいます。男の子か、女の子かということは、関係ありません。

お薬の話

　ADHDの症状をおさえるために、お医者さんから、薬を出してもらう子もいます。この本では、お薬について、くわしい話はしません。そのかわり、「行動」に的をしぼって、ADHDとの付きあい方を考えます。わたしが、みんなに伝えるのは、「行動」に役立つワークです。それをしながら、お薬を飲むのもよいでしょう。
　お薬について、くわしく知りたいときは、お医者さん、お父さん、お母さんに聞いてみましょう。大切なのは、お薬でADHDがすっかりなくなると思わないこと。症状を軽くするためのものだということを、おぼえておいてください。

自分の症状を知ろう

血液検査を受けたことは、ありますか？ お医者さんに、血を調べてもらうことで、体の中のいろんなことが、わかるんです。でも、ADHDは血液検査ではわかりません。ADHDかどうかは、あなたが、いつも、どんな様子でいるかによって決まります。どんなことがADHDの特徴かは、もう見てきましたね。当てはまるものがいくつかあって、それが困りごとになっているとき、お医者さんに診断をつけてもらいます。

自分のことみたいと思ったら、チェックを入れてみましょう。

☐ いつも走っていたい、ジャンプしたい、ずっと遊んでいたい。

☐ じっと座っていられない。

☐ あれこれ想像を、ふくらませてしまう

☐ もっとてきぱきしたい。

☐ 宿題や、授業の課題を終わらせるのが大変。

☐ 新しいことを始めるとき、とまどってしまい、なかなかうまくいかない。

☐ 話を聞くのは苦手。

☐ なにかしていても、すぐ別のことに気を取られる。

☐ すぐにイヤな気持ちになったり、くじけそうになったりする。

☐ 自分の興味があることをしているときだけは、長いこと集中できる。

☐ すぐにイライラしたり、あわてたりする。特に、難しいことをするとき。

☐ 授業中、答えを大声で言いたくなる。がまんするのはひと苦労。

全部当てはまるような気がする人も、2つか3つだけ、という人も、いるでしょう。それでいいんです。自分のことを、もっとよく知ろうとすることが、自分のことを、もっとよく理解するための第一歩ですよ！

ADHDのこと、まわりの人にはなんて言おう？

ADHDについて、学校の友だちや大人たちにうまく説明できないときは、これだけ言いましょう。「話が長くなると気が散りやすい」。もしくは「体をたくさん動かさずにはいられない」という言い方もできます。もちろん、両方とも伝えても、いいかもしれないですね。

ADHDの○×クイズ

ADHDについて、どんどん学んでいきますよ。次は、○×クイズです。ここに書いてあることは、正しい？ それともまちがっている？ 答えはすぐ下にありますよ！

正しいと思ったら○を、まちがいだと思ったら×を、【　　　】の中に書きましょう。

1. ADHDは、病院でみてもらうものではない。　　　　　　　　　　【　　　】
2. ADHDがあっても、ほとんどの子は、大人になったらADHDではなくなる。【　　　】
3. 親が厳しければ、ADHDにはならない。　　　　　　　　　　　　【　　　】
4. さとうが入ったものをたくさん食べると、ADHDになる。　　　【　　　】
5. ADHDは、生まれつきだ。　　　　　　　　　　　　　　　　　【　　　】
6. ADHDというのは、その子にやる気がないだけのこと。　　　　【　　　】
7. ADHDの子どもがいる国は、日本だけ。　　　　　　　　　　　【　　　】
8. ADHDは、くしゃみでうつる。　　　　　　　　　　　　　　　【　　　】
9. ADHDの子は、みんな、ものすごく元気いっぱい。　　　　　　【　　　】

答え

1. × ADHDは、病院で、お医者さんや専門家に、診断してもらうものです。
2. × ADHDだった子の75%が、大人になってもADHDです。
3. × ADHDは、脳のつくりによるもので、DNAの一部がかかわっています。まわりの人やものは、関係ありません。親が厳しいとか、あまいとか、そういうことではないのです。
4. × さとうを食べると、少しのあいだ気持ちが高ぶって、元気いっぱいになる子もいます。でも、さとうを食べたからといって、ADHDに「なる」子はいません。
5. ○ ADHDは、生まれたときからあるものです。
6. × ADHDの子を見て、やる気がないと思う人がいるかもしれません。でも、ADHDが原因で、ものごとをすんなりこなせなくなることが、あるんです。そういう脳の特性です。
7. × ADHDの子は、世界中どの国にもいます。
8. × ADHDは、ほかの人に、うつることはありません。
9. × ADHDには、元気のいっぱいの子もいるし、大人しい子もいます。

Aから始まる自分らしさ

ADHDは、英語のAttention（注意）、Deficit（たりない）、Hyperactivity（すごく活発）、Disorder（困りごとがある）という言葉を、短くしたもので、日本語では「注意欠如／多動症」という名前が、ついています。でも、これは、あなたがどういう人間かを、決めつける言葉ではありません。そこで、このワークでは、あなたの自分らしさを、言葉にしてみましょう。A/D/H/D、それぞれのアルファベットから始まる、自分にぴったりな言葉を、考えてみましょう。

こんなふうに、英語で考えても、ローマ字で考えても○Kですよ。

Active　アクティブ（元気いっぱい）
Dreamer　ドリーマー（夢いっぱい）
Happy　ハッピー（楽しい毎日）
Diamond　ダイアモンド（かがやいている）

Akaruku〜　明るく元気
Daretodemo〜　だれとでも、すぐ友だちに
Hashiridashitara〜　走りだしたら、止まらない
Donnakotodemo〜　どんなことでも、やってみたい

A
_____

D
_____

H
_____

D
_____

怖くなんかない！

　はじめてADHDという言葉を聞いたとき、怖かったんじゃないかしら？　小さいときは怖かったけど、今は怖くなくなったものを、絵や文でかいてみましょう。

　たとえば、10才のアリアナは、5才になるまで、歯医者さんに行くのが、怖くてしかたなかったそうです。でもようやく、いたいことをするところじゃない、ということがわかりました。アリアナのお母さんが言うには、今では、歯医者さんの日を、楽しみにしているんですって！

ポジティブに考える

英語には、「レモンをもらったら、レモネードをつくればよい」という、ことわざがあります。これは、つらいこと、苦しいことがあっても、良い面に注目してポジティブ（前向き）に考えれば、気持ちが明るくなる、という意味です。何ごとも、考え方しだいで気持ちが明るくなったり、暗くなったりするものです。

あなたがよく言われること、いつも気にしていることを、ポジティブ（前向き）な言い方に、変えてみませんか。たとえば、「すぐ気が散ってしまうこと」は「一度にたくさんのことをするのが得意」と言いかえられます。下に、いくつか例をあげました。

ぼくは／わたしは…	ポジティブに考えると…
気が散りやすい	一度に、たくさんのことができる
元気がありあまっている	やる気まんまん
傷つきやすい	人の心のいたみが、わかる
意思が強い／がんこ	いちど決めたら、あきらめない
人とちがう	ユニーク

自分について、下のリストに書いてみましょう。お父さんやお母さんに、聞いてみるのもいいですね。

ぼくは／わたしは…	ポジティブに考えると…

がんばりましたね！

　ADHDのことを勉強してみて、どうでしたか？　わかってきたぞ！という手ごたえは、あったでしょうか。あなたがここで学んだことは、ほかの人にも教えてあげられますよ。

1章で学んだこと
- 脳のしくみについて少しだけ
- ADHDの3つのタイプ
- ADHDの症状
- ADHDにまつわるカンちがいと本当のこと
- ADHDは前向きに変えられる

　どんなADHDと、どう付きあっているか、それは一人ひとりちがいます。でも、あなたには、だれもが特別だということを知ってほしいです。そして、自分らしさを、うまく生かせるようになってほしいと思います。
　ここから先は、ADHDの子が持つ強みについて、くわしく学び、ADHDとうまく付きあうために、できることを考えていきます。

お絵かきタイム!

みんな、どんどん新しいことをおぼえていますね。楽しく学んでいても、一度にたくさんは大変です。次のワークへ進むまえに、このページでひと休みしましょう。絵や字をかくのもよし、ただグルグルと線をかくのもよし。自由にどうぞ。

2章

自分の得意と苦手

あなたにとって、ヒーローといえば、だれのことでしょう？

ヒーローたちは、みんな特別だけど、どこがどんなふうに特別かは、一人ひとりちがいます。空飛ぶヒーローもいれば、ビルの上から糸でおりてくるヒーローもいます。だれもが、特別な力を持っています。

だけど、よく見ると、ヒーローたちにも、努力が必要なところがあるんです。たとえば、バットマン。悪者から街をすくうことにかけては最強ですが、自分の気持ちを伝えるのは苦手です。ワンダーウーマンだって、とんでもなく強い戦士ですが、自分の負けは、なかなかみとめられません。スーパーヒーローでさえ、そうなんです。

この章では、あなたが、もとから得意なことと、工夫して改善したいことを、見きわめていきましょう。

得意なことを見つける

　まずは、自分の強みについて考えてみます。あなたが、はじめから、簡単にできていたことは、なんですか。強みというのは、無理をしなくても、上手にできることです。強みは、人それぞれちがいます。

　わたしのところに来ている子どもたちを、ふたりしょうかいしましょう。ダシールは、レゴを組み立てるのが、ばつぐんに上手です。グレースは、体操と、泣いている赤ちゃんをあやすのが得意です。さて、あなたの得意技はなんですか？

下のリストの中で、自分に当てはまると思うものに、チェックを入れましょう。

- ☐ どんどん新しいアイデアを思いつく
- ☐ だれかが困っていたら気づく
- ☐ 絵をかくことや工作が好き
- ☐ とにかく動きまわっていたい
- ☐ いろんなことをやってみたい。ひとつのことだけなんて、つまらない
- ☐ 自分の意見を、だれかに話すのが大好き
- ☐ 興味があることには、時間を忘れて夢中になる
- ☐ 料理ができる
- ☐ 音楽が得意
- ☐ ブロックなどを組み立てるのが得意
- ☐ 喜んだり、悲しんだりを、ひといちばい強く感じる
- ☐ ダンスが上手

- ☐ おもしろいテレビ番組や動画を見つけるのが得意
- ☐ いつでも元気いっぱい
- ☐ ゲームなら、まかせて
- ☐ タイピングが速い
- ☐ 泳げる
- ☐ 動物にくわしい
- ☐ ジャンプしたり、ぐるぐるまわったりするのが好き
- ☐ 歴史のことを、よく知っている
- ☐ 理科が得意
- ☐ 新しいことには、なんでもチャレンジしてみたい
- ☐ 人に親切
- ☐ だいたんで怖いもの知らず
- ☐ 想像力ゆたか

ほかに、自分の得意なことについて、思いつくことがあったら、書いてみよう。

　人には、それぞれの強みがあります。なにをおもしろいと感じるか、ワクワクする気持ちをどう表現するか、それも一人ひとりちがいます。強みや個性が、そっくり同じ人間なんて、どこにもいません。

改善したいところを見つける

　だれにでも、難しいこと、苦手なことがあります。ほかの子を見て、「どうやったら、あんなことが、できるの？」とびっくりしたり、「あんなふうに、できたらいいな」と思ったりしたことは、ありませんか。それでいいんです！
　あなたが、改善したいなと思っているのは、どんなことでしょう。

下のリストの中で、自分に当てはまると思うものに、チェックを入れましょう。

☐ 注意をはらう（集中して見る、聞く、考える）のが苦手

☐ すぐ、たいくつしてしまう

☐ じっと座っているなんて大変

☐ ほかの子よりも、怒られたり、しかられたりすることが多い

☐ よく、カッとなったり、イライラしたりする

☐ 上着や宿題などを、どうしても忘れてしまう

☐ 授業や宿題に集中するのは、簡単なことじゃない

☐ 順番を待つのが苦手

☐ 怒ると、大声を出したり、人をたたいたりしてしまうことがある

☐ 人のパーソナルスペースに、近づきすぎる

☐ すぐ、泣いてしまう

☐ ときどき、自分にもムカつく

☐ いつも、みんなから、ばかにされているように思う

☐ みんな自分より、なんでも、すんなり
　　できている気がする

☐ 友だちがほしい、もっと仲良くなりたい

☐ なかなか友だちが、できない

☐ 自分のことを、もっといい子だ思いたい

☐ もっといい成績を、とりたい

ほかに、自分の改善したいことについて、思いつくことがあったら、書いてみよう。

　よくがんばりました！　自分の苦手なこと、うまくいかないことに目を向けるというのは、すごいことなんですよ。だって、そのおかげで、自分がどんなことを、がんばりたいか、はっきりしたんですから。

　次のページから、新しいテクニックを試していきましょう。自分の力で、ハードルをのりこえられるようになれば、学校の勉強も、友だちづくりも楽になります。自信もわいてくるはずです。

ほかの人からは、どう見える？

　自分より、まわりの人のほうが、自分の「いいところ」をよく知っている、ということもあります。このワークでは、あなたに自分の「いいところ」を、思いだしてもらいます。

話を聞く人

- 自分のことを、よく知っている大人
- 自分のことを、よく知っている子ども

用意するもの

- 紙
- ペン／えんぴつ

　身近な大人（先生、お父さん、お母さん、しんせき）や子ども（仲良しの友だち、きょうだい、いとこなど）に、あなたの好きなところを、聞いてみましょう。

　あとから思いだせるように、だれがなんと言ったか、メモするのを忘れないで。

　11才のレクシーがやってみたら、こんな結果になりましたよ。

だれが	なんと言った
カッツ先生	思いやりがある、おもしろい、発明上手
フィオナ（仲良しの友だち）	やさしい、楽しい、力になってくれる
ジェッド（いとこ）	おぎょうぎがよい、気さく、元気

　リストにまとめたら、大切にしまっておきましょう。そして、つらいことがあった日は、このリストを見かえしてください。

　だれにでも苦しいときはあります。たまにはだれかに、そっと背中をおしてもらいたいですよね！ リストを見れば、ほかの人から見て、自分にどんないいところがあったのか、思いだせます。明日はきっと、いい日になりますよ！

自分の絵をかこう

　ワーク1で、自分のいいところを教えてもらったら、今度はそのリストを使って、自分の絵をかきましょう。ワーク1のリストにあるコメントから、お気に入りをひとつ選びます。その言葉からイメージした自分の絵を、かいてください。

　まだリストをつくっていない人は、自分が好きでやっていることや、自分が得意なことを、かいてもよいですよ。レクシーの場合は、カッツ先生が「発明上手」と言ってくれたので、タイムマシーンを発明している絵に、なるかもしれませんね！

自分の名前を、パワーアップ

　名前というのは、生まれたときに、つけてもらうものです。自分で決めたわけじゃないですよね。その名前、せっかくなので、パワーアップさせてみませんか！

　名前の1文字1文字を使って、自分に当てはまる言葉を考えてみてください。11才のアビゲイルは、こんな言葉を思いつきましたよ。

ア たらしいことにチャレンジ

ビ ューティフル

ゲ んきいっぱい

イ っしょうけんめい

ル ールを守る

　あなたも、自分の名前で、やってみよう。

だれもがかけがえのない、たったひとりの自分

　わたしたちの外見は、一人ひとりちがいます。自分の外見は自分だけのものです。かみの毛は、カールしていたり、まっすぐだったり、ウェーブがかかっていたり。目の色だって、青、こげ茶、みどり、うす茶色など、さまざまです。かたほうは青、もうかたほうは茶色ということもあるでしょう。

　姿かたちが、一人ひとりちがうように、心もみんな、一人ひとりちがいます。人なつっこい子もいれば、もの静かな子もいますし、ゆかいな子もいれば、きまじめな子もいるんです。

自分コラージュ

自分らしさが、だんだんわかってきましたね。今度は、その自分らしさを組み合わせて、カラフルなコラージュを、つくってみましょう。見た目も心も、あなたらしさ全体が見わたせるように。さあ、どんなふうになるかな？

用意するもの

- 自分が読みたい雑誌（2、3さつ）
- はさみ
- テープ／のり
- 大きな紙（厚めの紙だとなおよし）

雑誌から、自分らしさに当てはまると思った言葉や写真、絵を切りぬきます。これまでのワークで出てきたものでもよいし、ぜんぜんちがうものでもよいですよ。自分にピッタリだと思えるアイテムに、新しく出会うかもしれませんからね。自由にやりましょう！

切りぬきは、できるだけたくさんあったほうが、楽しいですよ。それを、紙にはっていきます。コラージュには、正しいやり方もまちがったやり方も、ありません。それが、おもしろいところです。

いちばん大切なのは、言葉や絵、写真に、自分らしさが表れていること、それから、はりあわせたものを見て「いいな！」と思えることです。

できあがったコラージュは、シールや工作でデコレーションしたり、あとから中身をつけたしたりしても、いいですよ。それもまた、わくわくしながら自分を見つめなおすという、りっぱなワークです！

ふりかえりボックス

だれもが最高で、かけがえのない自分です。ワーク1〜4をとおして、自分らしさを、確かめました。今度は、そのすばらしさを形にして、とっておきましょう。

用意するもの

- 小さな箱（色をぬったり、ラッピングペーパーをはったりして、箱をおしゃれにしておくのも楽しいですよ！）
- テープ／のり
- はさみ

まずは、ワーク1〜4をふりかえって、次の文を完成させてください。

自分の強みで、気に入っているところは、

- -

自分の性格で、気に入っているところは、

- -

自分が得意なのは、

- -

人からよくほめられるのは、

- -

ぼく／わたしは、すごい。どうしてかというと、

- -

できあがった文を、別の紙に書きうつしたら、箱の外がわに、はっていきます。そして、気分が上がるアイテムを2つか3つ、中に入れたら完成です。成績表でも賞状でも、なにかをがんばっているときの写真でも、気分が上がるなら、なんでもありです。

失敗は成功のもと

　うまくいかないことがあると、おだやかな気持ちでは、いられません。がっかりしたり、イライラしたり、怒ったり、傷ついたりします。特に、いっしょうけんめいやったことなら、なおさらです。だけどあなたには、失敗を成功への第一歩だと、考えてほしいんです。たとえば、空手の黒帯をめざしていたのに、昇段試験に落ちてしまったとします。この失敗を、強くなるための道だと考えることは、できないでしょうか。

　一度落ちたら、次のテストには、ぜったい合格したいと思うようになります。そうすると、やるべきことを、いろいろ考えたくなります。もっと練習するとか、先生に直すところを聞くとか、レッスン動画を見るとか、黒帯の人の動きをかんさつするとか、たくさんありそうですね。

失敗もしたけれど、最後には、うまくいったときのことを、書いてみましょう。

有名人の意外な一面クイズ

　もっと背中をおしてほしいという人のために、大きな業績を成しとげた有名人の、意外なエピソードを、しょうかいしましょう。[4]

だれのエピソードかな？　名前とエピソードを線で結びましょう。

1.　アルバート・アインシュタイン

2.　スティーブン・スピルバーグ

3.　ウォルト・ディズニー

4.　トーマス・エジソン

A. 新聞にのせるマンガをかいていたけれど、「想像力がたりない。いいアイデアも出てこない」と言われ、くびになった。今では、個人でアカデミー賞をいちばん多くもらった人物として、記録にのこっている。（いいアイデアも出てこないですって？ディズニーランドをつくった人なのに！）

B. 映画学校のテストに、なんども落ちたが、のちに、アカデミー賞を3回受賞。『ジョーズ』や『E.T.』、『ジュラシック・パーク』など、たくさんの映画をつくり、興行収入は1兆円をこえている。

C. 先生からは、「ぜんぜん勉強ができない」と言われていたが、やがて1000以上の特許をとった。その中には、世界を変えてしまうような発明もあった。電球や映画をとるカメラを発明したのも、この人だ。

D. 子どものころは、「ふつうに」人と話をしたり、勉強したりできなかった。のちに、科学者として時代を切りひらき、ノーベル物理学賞を受賞した。

答え：1-D、2-B、3-A、4-C

自己肯定感を持つ

「自己肯定感がある」とは、自分のことを信じられることです。みんな、自己肯定感を、持てていますか？　それとも、自分の力なんて信じられないと、思っていますか？

意外に思うかもしれませんが、自己肯定感を持つための方法のひとつは、ほかの人に対して、思いやりや親切心を持って、行動することです。たのまれなくても、ごほうびはなくても、やさしくすることです。自己肯定感につながるシンプルな思いやりや親切を、いくつかしょうかいしましょう。

- 年下の子に、勉強を教えてあげる
- ペットをかわいがる
- テーブルのかたづけを手伝う
- バスの運転手さんや学校の先生に、「おはようございます」とあいさつする
- クラスメイトのことをすごいなと思ったら、「すごいね」と伝える
- 友だちが落としたものを、いっしょに拾う
- 相手の顔を見て、「お願いします」や「ありがとうございます」を言う
- たのまれなくても、家の手伝いをする
- 不安そうな子がいたら、「大丈夫？」と聞いてみる

ほかに、シンプルな思いやりについて、思いつくことがあったら、書いてみよう。

がんばりましたね！

　自分の得意なこと、これからがんばること、両方とも確かめることができたと思います。失敗をのりこえてきた、偉人のストーリーも、楽しめましたか？

　2章で学んだこと
- 自分の強み
- 自分が、もっとがんばりたいこと
- 自分は、ほかの人からどう見えているか
- 自分らしさを「形」にする
- 自己肯定感につながるシンプルな親切

　わたしは「もっと良くなるところが必ずある！」という言葉が好きです。人はいつでも、だれだって、自分自身に、いっそうみがきをかけることができるのですから。

　あなたは今、この本のワークに、たくさん取りくんでいます。それは、前に進む勇気がある、ということです。あなたは今まさに、すばらしいスタートを、きろうとしているんですよ！

第2部

ADHDの言いなりには、ならない！

　セルフレギュレーション（自分をコントロールする力）という言葉を知っていますか？　セルフレギュレーションは、自分の心や体が、どんなときに、どんなふうに反応するかをよく知っていて、いざというときも、冷静でいられることです。

　たとえば、家族で映画を見るとき、自分が見たい映画ではなく、弟が見たがっている映画を見ることになったとしたら、がっかりしますよね。このとき、セルフレギュレーションがうまくいっていれば、深呼吸して、さけびだしそうな気持ちをしずめることができます。

　苦手な場面にも、役に立ちます。たとえば、人ごみはさわがしくて苦手だとわかっていたら、音をさえぎるために、ヘッドホンを使うという工夫をするのも、セルフレギュレーションです。

　第2部では、こうしたセルフレギュレーション、自分をコントロールする力のテクニックを学びます。

3章

イライラ、怒り、大爆発に、 そなえるテクニック

　人の気持ちは、大きくふくらむことがあります。すごく大きく。あなたも、すごくムカムカしたとか、すごくイライラしたという経験があるでしょう？

　わたしが、まずおすすめしたいのは、感情を「お天気」みたいなものだと考えることです。感情には、はじまりも終わりもあるんです。不安になったり、いやな気持ちになったりしたときは、思いだしてください。ずっとそんな気持ちがつづくわけではないということを。

　はげしい感情に対しては、準備しておくこともできます。そなえがあれば、いざというときに、なにをすればよいか、わかるでしょう。

ワーク / 1 トリガー（きっかけ）を調べる

トリガーとは、感情の爆発の「きっかけ」を意味します。

苦手なもの、いやなものは、だれにでもありますよね。これらは「トリガー」となって、トゲにさわるといたいように、人の心をチクリとさします。大切なのは、「トリガー」をさけられるように、または、さけられなかったとしても、うまく切りぬけられるように、自分の「トリガー」をよく知ることです。

さて、ここで、サマンサの話をしましょう。サマンサは、水泳と絵をかくことが大好きな、10才の女の子です。サマンサは最近、家族のことでイライラしました。

トリガー#1：朝、お姉ちゃんが、シャワーをずっと使っている。
トリガー#2：お母さんが、学校のおむかえにおくれてくる。
トリガー#3：宿題が、難しい。

雨がふるまえは、くもが出てきますね。心の場合、本気で怒りだす前に、少しずつきげんが、悪くなってきます。雨がふりそうだったら、かさを持っていくように、怒る理由がわかっていれば、前もって、そなえることができますよ！

サマンサは、トリガーにそなえて、こんな作戦を考えました。

トリガー#1：朝、お姉ちゃんが、シャワーをずっと使っている。
作戦#1：お母さんにお願いして、平等にシャワーを使えるように、タイマーをおいてもらう。それが無理なら、朝あわてなくてすむように、夜のうちにシャワーを浴びておく。

3章 イライラ、怒り、大爆発に、そなえるテクニック　37

トリガー#2：お母さんが、学校のおむかえに、おくれてくる。

作戦#2：学校のカバンに、本やお気に入りの雑誌を入れておく。お母さんがおくれたときは、読みながら待つ。待っているあいだに、宿題を始めてもよい。そうすれば、家でやる分を少なくできる。

トリガー#3：宿題が、難しい。

作戦#3：2〜3分、休けいして、もう一度やってみる。それでもダメなら、だれかに手伝ってもらう。家庭教師の先生に来てもらうことを、お父さんやお母さんに、相談することもできる。

トリガーを切りぬけるための作戦が、いつもうまくいくとは、かぎりません。でも、いろんな作戦を試したり、信用できる大人にたよったりすることを、あきらめてはいけません。

さあ、次はあなたの番です。自分のトリガーになるものを、思いうかべてください。カチンとくる、悲しくなる、不安になるのは、どんなことがあったときですか？

下のリストに、書きだしてみましょう。正解、不正解はありません。正直に書いていいんです。なにも思いうかばないときは、最近カッとなったときのことを、考えてみましょう。きっかけは、なんだったかな？

1. --

2. --

3. --

準備が大事

台風や大雪が来るとわかっていたら、みんな準備をします。あなたの家でもするでしょう？
水や食べものを多めに買いこんだり、懐中電灯に電池があるか確かめたり。
学校は、お休みになるでしょうから、宿題は、やらなくていいかも！
心のあらしも同じです。いざというときのために、そなえることが、できるんですよ。

トリガーを切りぬけるための作戦を、考えていきます。心のあらしに、そなえる方法です。怒るかわりにすることを、考えてもいいですよ。下のリストに、書きだしてみましょう。

1. ....

2. ....

3. ....

怒りの〇×クイズ

　イライラしたり、ムカムカしたりする気持ちのことを、「怒り」と言います。怒りは、ややこしいものです。だれでもイライラ、ムカムカすることはあるのに、怒りは、よくないものだと教わります。怒りを感じることが、悪いのではありません。イラついても、ムカついても、いいんです。でも、ムカついたから、だれかをたたいてもいい、イラッとしたから、ものを投げてもいいということには、なりません。

　あなたが、怒りのことをどれくらい知っているか、〇×クイズをしてみましょう。

正しいと思ったら〇を、まちがいだと思ったら×を、【　　　】の中に書きましょう。

1. だれでも生きていれば、怒りを感じることがある。　　　　　　　　　【　　　】
2. 怒りの爆発をコントロールする方法は、学んで身につけられる。　　　【　　　】
3. 先生には、怒りの感情なんてない。　　　　　　　　　　　　　　　　【　　　】
4. 怒ったら、だれでもどなる。　　　　　　　　　　　　　　　　　　　【　　　】
5. 怒っていても、悪いことをしたと思うなら、あやまっていい。　　　　【　　　】
6. どなる人というのは、自分のイライラを、自分で、おさえられなくなっているのかもしれない。　　　　　　　　　　　　　　　　　　　　　　　　　　　　　　【　　　】
7. 怒りのトリガー（きっかけ）について、あらかじめ考えておけば、爆発をおさえられるかもしれない。　　　　　　　　　　　　　　　　　　　　　　　　　　　　【　　　】
8. おとなしい人は、怒らない。　　　　　　　　　　　　　　　　　　　【　　　】
9. 怒りの感情を、持ってはいけない。　　　　　　　　　　　　　　　　【　　　】
10. 怒りは、ごくふつうの感情だ。　　　　　　　　　　　　　　　　　【　　　】

答え

1. ○　人生で、一度も怒ったことがない人なんて、わたしの知り合いには、いません。あなたはどう？

2. ○　怒りをコントロールできるようになれば、その方法を生かして、爆発をおさえやすくなります。

3. ×　先生たちが、このクイズを見たら、笑っちゃうでしょうね。ふつうの人と同じように、先生だって、頭にくることがあるんですよ。

4. ×　怒ったとき、ひとりになろうとする人もいれば、泣く人もいます。ほかにも、いろいろな人がいます。

5. ○　あやまることで、流れを変えるきっかけが、できます。

6. ○　どなるというのは、自分で自分を、おさえられなくなった、というサインかもしれません。

7. ○　自分はどうして怒るのか、わかっていれば、怒りを予防できるでしょう。

8. ×　どんな性格の人も、怒ります。

9. ×　感情をなくすことはできなくても、行動はコントロールできるようになります。

10. ○　怒りは、ごくふつうの感情です。悲しみ、幸せ、とまどいなど、いろいろな気持ちを感じるのと、同じことです。あつかい方を知っていれば、問題にはなりません。たくさんの感情があるから、人間らしいのです！

その場を、はなれる

いつ、怒りがわくようなことに出くわすか、自分では、わかりません。だからこそ、いざというときも落ちついていられるような、「方法」を知っていることが、大切です。

深呼吸する：大きく、ゆっくり息をするうちに、体がリラックスしていきます。

力をぬく：肩を下げ、ぎゅっとにぎったこぶしを、ほどきましょう。顔の筋肉もゆるめてください。こうすることで、体にこもった怒りを、ほぐすことができます（42〜43ページ「反応マップ」も参考に）。

その場を、はなれる：のんびり歩いて、自分の考えを、まとめましょう。あなたのまわりの、はりつめた空気が、やわらぎます。

反応マップ

　マックスは、ゲームが大好きです。でも、「そろそろおしまい」と言われると、カンカンに怒りだします。まだやめたくないのに！って。すっかり頭に血がのぼっているので、ものを投げたり、お父さん、お母さんにむかって、大声を出したりします。

　怒りにまけず、冷静でいたいなら、感情が高ぶったとき自分の体がどうなっているか、かんさつしてみるとよいでしょう。

　マックスは、顔が熱くなっていることに、気がつきました。首はこわばり、呼吸はいっしょうけんめい走った後みたいに、短く、あさくなっています。

　マックスは、大きく深呼吸してみることにしました。肩の力もぬきました。そうすると少しずつ、気持ちが落ちついてきました。

1. 怒っているときに、どんな感じがするか、思いだしてみましょう。
   あなたの体は、どうなっていますか？　手はグーの形？　息は、走った後みたいに、ハアハアしている？　なみだは出ている？　かみしめた歯がギリギリしたり、力みすぎで肩が上がったりしているかな？
   次のページの絵で、怒ったときに反応が出る場所に、〇をつけましょう。
2. 〇をつけたところをリラックスさせるために、なにができるか考えてください。
   思いついたことを、それぞれの場所に書きこみます。

　体が、感情にどう反応するか知っていれば、感情のおさえ方も、もっとよくわかるようになります。

　同じことを、「悲しいとき」で、やってみるのもよいでしょう。悲しいときと怒ったとき、体の反応にちがいがないか、確かめてみましょう。

　これから先、心の中に怒り（もしくは悲しみ）の気持ちがめばえたら、体に注目してください。体はどうなっているでしょう？　体が落ちついていれば、落ちついて行動できます。このことを、忘れないでください。

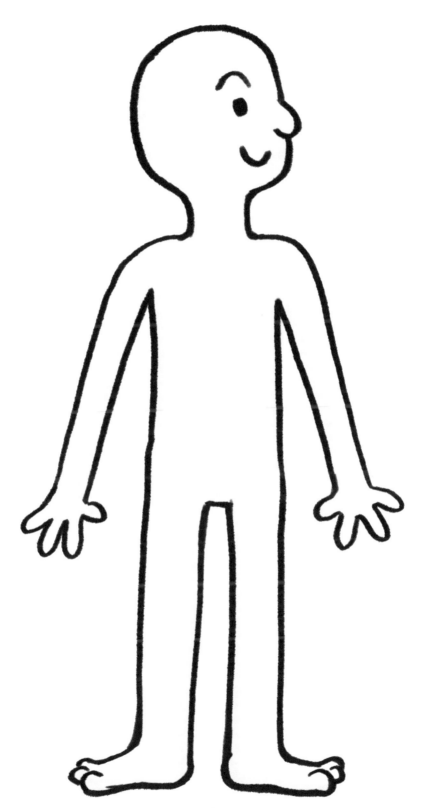

エレベーター式呼吸

頭の中を、いろいろな思いや考えが、一気にかけめぐったことはありませんか？ まるで頭だけが、別の生きものになって、動きだしたみたいに。

これは、わたしの友だちから教わったことですが、頭というのは、呼吸にテンポを合わせるものだそうです。つまり、呼吸が落ちつけば、頭の中も落ちつくのです。

今回は、エレベーター式呼吸をしょうかいします。怒っているとき、きんちょうするとき、不安なときなど、心をしずめたいときに、いつでも使えるテクニックです。

用意するもの

- ぬいぐるみ

まず、ベッドかゆかに、ねそべります。おなかの上の、おへそのあたりに、用意したぬいぐるみを、置きます。息をふかく、吸えるところまで吸いこんでください。

それから、ゆっくりはきだします。ぬいぐるみが、上がったり下がったり、エレベーターみたいに動いているのが、見えるでしょう。

ふかく吸って・はいてを、3回以上、くりかえします。

簡単だけど、きき目はばつぐん！ 落ちつきを取りもどしたいときは、この呼吸を思いだしてください。

クールダウンできる場所をつくろう

なにもかも、いやになることは、ありませんか？ そういうときは、にげだしてもいいんですよ！ 家の中に、自分がクールダウンできる場所を、つくりましょう。

使うのは、部屋のすみっこや、小さなすきま。それから、自分がリラックスできるもの。ブランケットやまくら、ぬいぐるみ、音楽プレーヤー、本、お気に入りのおもちゃなど、なにを持ちこんでも、かまいません。遊びに使うテントがあれば、それもいいですね。ここが、自分だけのスペースになります。

カッとなったとき、落ちこんだとき、いつでも、かけこめますよ。

自分を主語にする

　心があれていると、自分のことをわかってくれる人なんて、いないような気がしてきます。そんなときでも、まわりの人としっかり話ができる、とっておきの方法が、あります。それが、「ぼく」「わたし」を主語にする話し方です。

　この話し方をするときは、なによりも、自分が今感じている気持ちに、目を向けます。過去のできごとや、相手に対して思うことは、後まわしです。

　デクスターの例を、見てみましょう。デクスターは、友だちのシドニーから、2、3日ゲーム機を貸してほしいと、たのまれました。それは、一大事です。だって、デクスターは毎日ゲームをしているんですから！　だけど、シドニーもゲームが大好きだと知っていたので、貸してあげることにしました。

　3日目、シドニーがやってきて、かえせなくなったと言います。弟が、ゲーム機をレジのおもちゃとまちがえて、コインをつめこんで、こわしてしまったというんです。デクスターは、もうカンカンです。シドニーを、どなりつけたくなりました。だけど、デクスターは、大声を出したりせず、「ぼく」を主語にして、話しました。

　「ぼくは、すごくショックだよ、あのゲーム機がこわれたなんて」

　このとき、デクスターは、シドニーをせめずに、自分の気持ちに注目しました。こうすることで、相手にひどいことを言わず、自分が怒っていること、がっかりしたことを伝えられたのです。

　「ぼくは…」「わたしは…」という話し方をすると、だいたい次のような文になります。あなたもカッとなったときは、試してみましょう。

「_____　されると、ぼく／わたしは　_____（という気持ち）になる」

「ぼく／わたしはモヤモヤしてる。　だって_____だから」

「_____　だなんて、ぼく／わたしは、なっとくできない」

頭をもっとやわらかく

ねんどで遊ぶのが好きな子は、いるかしら？　子どものころ、わたしは、ねんど遊びが大好きでした。どんな形にもなるんです。人間をつくった後で、やっぱりイモムシにしたいと思ったら、こねて転がすだけ。ほら、イモムシのできあがり！

このワークでは、あなたの頭を、ねんどのようにやわらかくしてほしいんです。そう、やわらかく！　放課後、あなたは、友だちとゲームをしようと思っていたのに、友だちが、「外で遊ぼう」と言ってきました。自分の予定や計画を引っこめて、相手に合わせるのは、難しいものです。でも、いつでも自分の思ったほうに、合わせてもらえるわけでは、ありません。

そんなとき、頭をねんどのように、やわらかくすると、いい解決策が見えてきます。

ルビーは、ドッジボールがしたかったのに、ステラは、どうしてもバスケットボールだと言います。いつものステラなら、「ダメ！　ぜったい、バスケットボールがいい。ドッジボールなんて、したくない」と言ったでしょう。それで、ルビーは、がっかりして、もうステラと遊びたくないと、思ったかもしれません。

でも、このときステラは、もっとやわらかく考えてみることにしました。そうしたら、「いいよ、ルビー。それじゃあ5分バスケして、5分ドッジボールしよう」と言えたんです。これなら、ルビーも、さんせいです。頭をやわらかくしたおかげで、ピンチをのりこえることが、できました。

次のページを、見てください。
服に☆がついている子が、もっとやわらかく考えたら、もうひとりの子に、どんなことを言ったり、してあげたりできるでしょう？

とっさに考える

どうすればよいか、考えが、なかなかまとまらないときは、自分に、こんな質問をしてみましょう。
・ふたりとも、満足するにはどうすればいい？
・ふたりとも、がまんしないですむ方法はある？

相手の気持ちに、なってみよう

やわらかく考える力を、つけるためにできることは、いたってシンプルです。相手が、どんな気持ちでいるか、想像してみるのです。こういう心がまえがあれば、まわりの人と良い関係を、つくりやすくなります（それはとてもすてきなことで、自信にもつながります）。

たとえば、お皿をかたづけなかったせいで、お母さんに怒られたとき、お母さんの気持ちを想像してみましょう。お母さんは、何度も何度もかたづけるよう言ったのに、お皿がいつまでも出しっぱなしだったから、イライラしたのでしょう。

学校の休み時間に、友だちのきげんをそこねてしまったとき。あなたが、ほかの子と遊びにいってしまったのが、いけなかったようです。友だちは、どんな気持ちだったでしょう？　あなたが、ほかの子を遊び相手に選んだことで、傷ついたのかもしれません。ひとりぼっちで、さびしかったのかもしれませんね。

次の1〜5のシーンで、相手の気持ちを想像してみてください。

1. 学芸会で、友だちがやりたがっていた役に、自分が選ばれた。
　友だちは、どんな気持ちでしょう？

- -

2. 友だちの家に、3時に遊びにいくと言ったのに、4時15分になってしまった。
　友だちは、どんな気持ちでしょう？

- -

3. お父さん／お母さんから、せんたくものを、たたんでおくようたのまれたのに、忘れてしまった。
   お父さん／お母さんは、どんな気持ちでしょう？

----

4. 勝手に、きょうだいのおもちゃをかりた。
   きょうだいは、どんな気持ちでしょう？

----

5. 先生が「おはよう」と声をかけてくれたのに、返事をしなかった。
   先生は、どんな気持ちでしょう？

日記の力

日記をつけると、あれていた気持ちが落ちついてきます。なにが気にさわったのか、どう思ったのか、文章で書いてもよいし、そのときのようすや感じたことを、絵にしてもよいでしょう。

紙にペンを走らせていると、なぜだか心が休まります。それは、信らいできる友だちに、うちあけ話をすることに、にています。心に重くのしかかっていた気持ちを、日記帳に置いてくることで、スッキリするのです。

だれかに見られるのが心配なら、カギつきの日記帳も売っています。この日記は、家族にも見せず、自分だけの秘密でいいのです。

がんばりましたね!

今回はもりだくさんでしたね!

3章で学んだこと
- どんな感情も、はずかしくなんかない。
- なにも感じない人なんていない 。だれにでも、たくさんの感情がある。
- 感情の爆発は、防げる。
- 怒るのはふつうのことだけど、怒りをうまくやりすごすには、それなりのテクニックがある。
- 体の反応は、なにかを強く感じているという、要注意のサイン。
- 体をリラックスさせる、エレベーター式呼吸。
- 「ぼく」「わたし」を主語にして、伝え上手になろう。
- 自分が、やわらかい考え方をしていると、相手も、やわらかい頭で考えてくれるようになる。

あなたの頭の中には、すてきなアイデアが、どんどんつめこまれているところです! きっとうまくいきます!

お絵かきタイム!

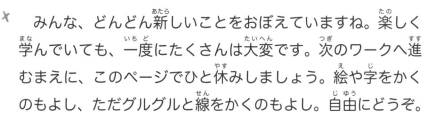

　みんな、どんどん新しいことをおぼえていますね。楽しく学んでいても、一度にたくさんは大変です。次のワークへ進むまえに、このページでひと休みしましょう。絵や字をかくのもよし、ただグルグルと線をかくのもよし。自由にどうぞ。

4章

——

注意と集中
しっかり聞くためのテクニック
（本当は、すごくつまらないと思っても）

　まわりに、おもしろそうなものが、たくさんあるのに、目の前のことだけに集中するなんて、簡単ではありませんよね。これも、ADHDの特性のひとつです。気が散りやすいのです。集中していないわけではありません。たくさんのことに、同時に集中しているのです！

　そこで、ひとつのことに集中しやすくなる方法を、いくつかおぼえておきましょう。ここから先は、さまざまな場面で、注意と集中がつづく方法を、探していきます。

自分を探偵する

　さあ、探偵になって、自分のことを、じっくり調べてもらいますよ！　なぜ、つまらなくなるのか、たいくつするとは、どんな感じか、あきてしまう前に、気づくことはできないか、リサーチしましょう。

　学校で、先生の話がおもしろくないとき、自分がどうしているか、思いだしてください。体をモゾモゾ動かす？　こっそり手遊び？　まどの外をながめる？　ほかの子に話しかける？

　探偵として最初の仕事は、いつ「たいくつ」が始まるのか、見きわめることです。そうすれば、注意がとぎれていることに、すぐ気づけるようになって、先生やお父さん、お母さんから「集中して！」と言われても、あんまりドキッとしなくてすみます。

　さて、ここから先は、いくつか質問に答えながら、さらに、さぐりを入れていきましょう。質問の答えは、本に書きこんでもいいし、大人に聞いてもらってもいいですよ。

たいくつするのは、こんなとき

たいくつすると、こうなる

自分に当てはまるものを、全部チェックしましょう。

☐ 足をブラブラさせる

☐ とびはねる

☐ ブツブツ言ったり、物音を立てたりする

☐ ほかの子にかまってほしくて、つついたり、ふざけたりする

☐ 立ち歩く

☐ 「つまんない」と声に出す

☐ 近くにいる人やクラスメイトに、関係ないことを話しかける

たいくつしたとき、してもいいこと、人のじゃまにならないこと

- いたずら書きやスケッチをする
- 課題をすませるために必要なことを、リストアップする
- 席を立つ
- 少しだけ、なにか食べる
- フィジェットトイ（ハンドスピナーやプッシュポップのような手遊びおもちゃ）などを使って、指先をしげきする
- バランスディスク／バランスクッションを置いて、その上に座る
- いすや机をふく
- 静かな音楽を聞く（必要ならヘッドホンをする）

注：この中には、大人に許可を、もらわなければいけないものも、あります。また、いつどんなときでも、やってよいとは、かぎりません。先生やお父さん、お母さんに、このページを見せましょう。ほかにも、アイデアが出てくるかもしれませんよ！

くもゆきがあやしくなったら、遊んじゃおう!

うれしいお知らせです。遊ぶのは、とても大切だということを、あなたは知っていましたか?
うそじゃありませんよ! たいくつしてしまったとき、もう無理だと思ったとき、ひと休み
したいとき、10分だけ遊ぶ時間をもらえないか、お父さん、お母さんに聞いてみましょう
(まじめな話だということが伝わるように、このページを見せてください!)。
なにをして遊ぶかまよったときは、「休けい時間に、できること」(57ページ)にヒントがあ
ります。とにかく遊びましょう!

動きを止める・切りかえる

じっと座っているのは、つらいことです。特に授業中は。なにしろ、頭の中は時速300キロで回転しているんです。新幹線がフルスピードで走っているようなものです。そこへ急にブレーキをかけるなんて！ もしくは、外でキックベースをしていたのに、ピタリとやめて、家で宿題を始めるって想像してみてください。そんなの無理！

あなたは、船についているいかりを見たことがありますか？ このいかりを、船長が水の中に投げ入れると、船は、そこから動かなくなります。

そこで今回は、あなたが体の動きを止められないとき、急にきちんと座らなければいけなくなったとき、行動を切りかえるときに役立つ、いかりエクササイズを、しょうかいしましょう。こんなふうに、やってみてください。

1. 両足をゆかにつけます。つま先がうかないように、足のこうに、本をのせてもいいですよ。
2. 鼻から息をふかーく吸って、はいてください。少なくとも3回、大きくゆっくり呼吸します。そのあいだは、自分が呼吸する音に、耳をすましてください。
3. それから、もう一度、先生や教室に、注意を向けます。

心が落ちついて、さあやるぞ！という気持ちになっているはず。

1... 2... 3...

ワーク／3 休けい時間に、できること

集中が切れてしまったら、5〜10分くらい休けいしてみるのも、ひとつの方法です。そうすることで、気分がすっきりして、集中力が、もどってくるはずです。たとえば、宿題をしていて、大変すぎるとか、つまらないと思いはじめたとき。ひと息つく時間があったら、なにをしますか？

あなたが、集中力をとりもどすのに、役立ちそうなものを、〇でかこみましょう。

ぬりえ	家の中を走りまわる／階段をのぼったりおりたりする	ねんど遊び	シャワーを浴びる／おふろに入る
音楽を聞く	ガムやグミをかむ（許可をもらえたら）	本を読む	ゲーム機やタブレットで遊ぶ
洋服選び	水を飲む	ダンス	パソコンで遊ぶ
なぞり絵	側転	工作	おさいほう
散歩	まどの外をながめる	友だちと話す	人形やフィギュアで遊ぶ
ボール投げ	ペットをかまう	ジャンプする	ブランケットにくるまる
風船をふくらませる	ブロック遊び	ストレッチ／ヨガ	セルフマッサージ
横になってリラックスする	簡単なカードゲーム	家族と話す	だれかとハグする

緊急お助けカード

　これは、本当にあったお話です。あるとき、ニューヨークの空を飛んでいた飛行機に、急なトラブルが、発生しました。そうじゅうしていたサリー機長は、2万時間以上のフライト記録を持つパイロットです。サリー機長は、航空管制室に、れんらくをとった後、万が一にそなえて、緊急着陸カードをおさらいしました。何十年も飛行機に乗ってきた機長でしたが、緊急着陸の手順を、ひとつのこらず実行するためには、カードを見直したほうがよいと、わかっていたのです。

　サリー機長のおかげで、飛行機は無事、ハドソン川におりたち、155人の乗客が、命をすくわれました。

　あなたにも、緊急お助けカードがあったらどうでしょう？　カッとなったり、気持ちがはりつめていたりすると、落ちつこう、集中力を取りもどそうと思っても、どうすればよいか、わからないものです。そんなときは、気持ちを切りかえるためにできることを、思いだすためのメモが、必要です。緊急お助けカードを、つくりましょう。

用意するもの
- 手のひらサイズのカード2枚
- ペン／えんぴつ

　気持ちを切りかえるのに、きき目がありそうなことを、考えてみましょう。

　2～3分もあればできるものが、ちょうどいいです。深呼吸するとか、ギュッとにぎったこぶしをゆるめるとか、笑顔をつくるとか。9才のエバは、先生からOKをもらえたら、かべうで立てふせ（立ったままかべに向かってするうで立てふせ）をしたいそうです。

　あなたはどうでしょう？　ヒントがほしいときは、「休けい時間に、できること」（57ページ）を見てみましょう。

どこでやるのが、いちばん？

　宿題は、どうすればはかどるのでしょう。音のない静かな部屋がいちばんという人もいれば、音楽のかかったにぎやかな部屋がよいという人もいます。座ってやっても、立ってやってもかまいません。どんなやり方でも、自分に合ってさえいれば！

家と学校とでは、やりたいことがちがうでしょうから、家用に1枚、学校用に1枚、用意します。家用にも学校用にも、5つくらいずつ書けるといいですね。

　家用のカードは、いつでも、すぐ取りだせるところに、置いておきましょう。学校用のカードは、机の中へ。お父さん、お母さんと先生には、カードのことを伝えてください。そうすれば、あなたの行動を理解してくれるでしょうし、必要な場面では、カードを見るよう、声をかけてくれるはずです。

ハイパーフォーカス（過集中）ってなに？

　これは、あまり知られていないことですが、ADHD＝集中できない、というわけではありません。ADHDの人たちは、興味をもったものに、びっくりするほど集中することがあります。これを、ハイパーフォーカス（過集中）といいます。楽しいこと、やりがいがあることには、ものすごく集中するので、その分とちゅうでやめるのが、難しくなります。
　なにかひとつ決まったことをするときだけ、ハイパーフォーカスになる、という子もいます（テレビゲームは何時間もつづけられるのに、授業中に座っていることができないというのも、これで説明がつきますね）。どうやら、本当におもしろいと思ったことは、あきずにつづけられるけれど、そこまで気分がのらないものには、集中しにくい、ということのようです。

宿題ボトル

宿題は、大変よね？　みんな同じです。11才のスカイラーは、宿題をするときに、やる気と集中力を高めてくれるアイテムがほしいと思っていました。それで、わたしたちは、ひらめいたんです。がんばりを、ごほうびにつなげる名案が！

用意するもの

- とうめいのボトル
- コイン／小銭／石など、ボトルの中につめられそうなもの
- セロハンテープ／マスキングテープ
- マジックペン

このボトルは、ごほうびメーターです。宿題を始めたときと、終わらせたとき、毎回中身を、たすことができます。テープで3段階のしるしを、つけておいてください。中に入れたものが、テープの高さに届くと、ごほうびをもらえます。

宿題のごほうびに、なにをもらいたいかは、自分で考えます。ワクワクしますね！おもちゃでも、アイスクリームでも、テーマパークに行くことでも、なんでもいいんです。ただし、お父さん、お母さんと話して、OKしてもらえるものを選んでください。

やり方

1. ごほうびを3つ決めたら、テープを3枚切りとって、ひとつずつ書きこんでください。テープは、ボトルの上のほう、真ん中、下のほうの3か所にはります。宿題を始めるとき、コインや石をひとつ入れます。

2. 宿題をします（あわててやらないでね。待ちきれないのは、わかるけど！）。

3. 宿題がすんだら、もうひとつコインや石を入れます。

4. テープのラインまで中身がたまったら、ごほうびを、もらえますよ！

このワークをとおして、努力はむくわれるということを確かめてください！

ワーク / 6

してもいいこと、ダメなこと

宿題や勉強を、てきぱき進めるためには、なにをするとよくて、なにをするとダメなのか、ときどきわからなくなります。そこで、こんなリストをつくってみました。

明日しめきりの宿題を、やっているところだと思ってください。宿題は、どうすればはかどるでしょう？

宿題が、はかどりそうなものは、全部〇でかこみます。
気が散ってしまいそうなものには、×をつけます。

食べるのは後にして、おなかを空かせておく	座る	少しだけ、なにか食べる
タイマーを使う	立つ	始める前に、散歩する
音楽を聞く	ゲーム機やタブレットの電源をきる	水を飲む
だれかの近くでやる	ペットは、別の部屋にいてもらう	ドア・まどをしめる
やるべきことを、リストにする	ゴールを思いうかべる	フィジェットトイで手を動かす

フィジェットトイ＝ハンドスピナーやプッシュポップのような手遊びおもちゃ

家族にも、このリストを見せましょう。そうすれば、あなたががんばっているとき、してもいいこと、ダメなことを、わかってもらえます。きっと協力してくれますよ！

がんばりましたね!

　注意も集中も、ADHDの人にとっては、なやみの種です。でも、どうすればよいか、知っていれば、気が散りそうになっても、引きかえせます。今回は、こんなことを学びました。

　4章で学んだこと

- 「たいくつ」のサインを、すかさずキャッチする。
- 集中力を、とりもどすためのワークがある。
- ひと息つきたいときに、できることを考えておく。
- いざというときのために、緊急お助けカードを用意する。
- 集中したいとき、してもいいこと、ダメなことをはっきりさせる。
- がんばった自分に、ごほうびをあげる。

　たくさんありましたね。頭の中が、新しいアイデアで、いっぱいになってきたのが、わかるかしら。やったね!

5章

衝動をおさえる、かしこく選択する

「衝動をおさえる」とは、どんなことでしょう。
図書館で、おしゃべりしたくなっても静かにできること？
授業中に、立ち歩きたくなっても、座っていられること？
カチンときても、相手をどなりつけないこと？
「かしこく選択する」は、テレビゲームをやめて、宿題を
すること？　おやつには、ドーナツよりリンゴを選ぶこと？

　よけいなことは考えず、走ったり遊んだりしていたいのに、
衝動をおさえるとか、かしこく選択するとか、そんなのちっ
とも、おもしろくなさそうですよね。だけどこれは、あなた
がトラブルから身を守るために、とても大切なことなんです！

自分のリアクションは自分で決める

　ADHDの子は、気持ちや行動のコントロールに、苦労することが、あります。

　この本のはじめに、脳の働きについて、説明したのを、おぼえていますか？ ADHDの子と、ADHDでない子とは、脳の働き方が、ちがうんです。

　それは、すばらしいことでもあります。だって、そのおかげでADHDの子は、びっくりするほど想像力ゆたかなんですから。

衝動をおさえる、自分をコントロールする

　とっさに「〇〇したい」と強く感じたけれど、やっぱりいけない、と思いなおしたことはありませんか？ それが、衝動をおさえる、自分をコントロールするということです。

　もし、そんな場面に出くわしても、もう大丈夫。あなたは今、この本を読み、上手な衝動のおさえ方を学ぼうとしているんですもの！

かしこい選択

　良い結果につながると思うほうを、選ぶことです。テストがあるなら、ゲームに夢中になるより、勉強するのが「かしこい選択」だということ。勉強すれば成績が上がって、うれしいです。

　わたしの説明はこのへんでおしまい。ここからは、楽しいワークを始めましょう。

選択サイコロ

ジョージは7才の男の子。心がモヤモヤしているというので、わけをたずねました。そうしたら、「よくない選択」をしてしまったと言うんです。

ジョージ　「お店で売ってるガムを、ポケットに入れちゃって、店員さんに、見つかっちゃったんだ……」

わたし　　「どんな気持ちだった?」

ジョージ　「はずかしかった。いけないことだってわかっていたけど、どうしても、ほしくなっちゃって。ガムは店員さんに、かえしたよ」

わたし　　「どうすればよかった?」

ジョージ　「うーん……たぶん、お父さんかお母さんに、おこづかいで買ってもいいか、聞いてみればよかった」

わたし　　「そうね。それは、いい考えだと思う」

ジョージに、もしもまた、すぐには手に入らないけれど、すごくほしいものがあったらどうするか、聞いてみました。

ジョージ　「とらないで、がまんする」

わたし　　「そうだね。お父さん、お母さんに相談できるもんね」

ジョージ　「ほかのことをしていたら、気がまぎれるよ。弟と遊ぶとか、部屋をきれいにするとか、ママといっしょに犬の散歩をするとか」

　ジョージは、選択をまちがえた後、同じことをくりかえさないための、すてきな作戦を考えました。自分の失敗をふりかえることで、この次は、どんな選択をすればよいか、考えるきっかけができたんです。

　ほしいものが、すぐには手に入らないときのために、ジョージは、いくつかアイデアを出していましたね。あなたも、やってみましょう。わたしの大好きなゲーム、選択サイコロです!

用意するもの

- サイコロ
- 紙
- ペン／えんぴつ

ゲームのねらい

1. かしこい選択とよくない選択を、意識できるようになること
2. 楽しむこと！！

遊び方

サイコロをふったら、出た目に合わせて、やってみよう。

1が出たら：われながら、かしこかったと思う選択を、ひとつ思いだす。

2が出たら：今なら、同じことはしないだろうと思う選択を、ふりかえってみる。

3が出たら：自分以外のだれかが、かしこく選択したときのことを、思いだす。

4が出たら：どうしたら、かしこい選択ができるか、考える（たとえば、「本当に安全かどうか、家族に聞いてみる」「思いやりを忘れていないか、考える」など）。

5が出たら：テレビや映画の中で、かしこい選択だと思ったものについて、考えてみる。

6が出たら：選択をテーマにして、物語をひとつつくる。かしこい選択の話、よくない選択の話、どちらでもOK。話は、紙に書くか、家族に聞いてもらう。

このゲームは、家族と話し合いながら進めることもできます。

まちがいから学ぶ

いつも、かんぺきな選択ができるとは、かぎりません。だけど、よくない選択をしてしまっても、どこがまちがっていたかを、学べます。そうすると、次は、もっと良い選択ができるようになるんです。

気持ちビンゴ

　自分の気持ちは、自分で思っているより、うまくコントロールできるものです。こういう話をすると、子どもたちは、みんなびっくりするみたい。「でも、どうやって？」と、よく聞かれます。

　秘密を知りたい？　答えは簡単。大切なのは、自分の気持ちに、よりそうことです。そのためには、自分の心と体に、くわしくなければいけません。大好きなゲームや、お気に入りの本と同じくらい、自分の気持ちについて、よく知ることです。

　心配しないで。そんなに難しいことじゃありません。まずは、気持ちビンゴをやってみましょう。

用意するもの

- 紙
- ペン／えんぴつ

遊び方

1. 目をとじて、ビンゴ表（68ページ）のどこかを指さします。
2. 指さした数字を、気持ちリスト（68ページ）の中から、見つけます。
3. 最近、その気持ちに、なったときのことを思いだし、紙にメモします。
4. メモが書けたら、ビンゴ表の数字に、×をつけます。
5. ビンゴになるまで、つづけます。（たて、よこ、ななめ、どの方向でもOK）

　このゲームは、お父さん、お母さんや友だちと、かわりばんこで、やってもよいでしょう。その場合、メモするかわりに、話をしましょう。

　クバがビンゴをすると、こんなふうになりましたよ。目をつむって選んだ数字は6。気持ちリストの6番は、「腹が立つ」です。クバは、腹が立ったときのことを思いだして、メモしました。「UFOキャッチャーで、あと少しのところで、メダルがなくなった」。書きおわると、クバは、ビンゴ表の6に×をつけて、ビンゴになるまで、ゲームをつづけました。

B	I	N	G	O
2	7	13	1	9
19	14	4	5	16
21	23	FREE	6	8
17	12	24	11	10
22	20	15	18	3

気持ちリスト

1. カンカンに怒る
2. 悲しい
3. 不安
4. 自信まんまん
5. はずかしい
6. 腹が立つ
7. びっくりする
8. おもしろい
9. てれくさい

10. やめておけばよかった
11. つかれた
12. 泣きそう
13. やる気じゅうぶん
14. ワクワク
15. ムキになる
16. うらやましい
17. 仲良くなりたい
18. 落ちついている

19. さびしい
20. 落ちこむ
21. ショックを受ける
22. どうしたらいいかわからない
23. めんどうくさい
24. たいくつ

ポジティブ警察

ネガティブな考えに、とらわれてしまうと、なかなか、ぬけだせないことも、あります。いやなことばかりの1日も、あるでしょう。自分の考えが、手に負えなくなる前に、つかまえる方法を学びましょう。おまわりさんになったつもりで、ネガティブな考えをつかまえて、ポジティブな考えに変えるチャレンジです。

ミッションは、「ネガティブな考えをたいほして、ポジティブな考えと入れかえる！」。表の中に、例をいくつかあげてみました。ほかにも、くりかえし頭にうかんでしまうネガティブな考えがあったら、表に書きこみましょう！

ネガティブな考え	ポジティブな考え
成績が悪い	30点だった算数のテストが、40点になった
自分のことなんて、だれも好きじゃない	ランチのとき、いっしょに座ろうってカロリーナに、さそわれた
お兄ちゃんは、いじわる	このあいだ、デザートを分けてくれた

必要なときは、いつでも自分で自分の、ポジティブ警察になってください。ネガティブな犯人をつかまえて、ポジティブな考えに変えてしまいましょう！

アクション・リアクション

　カッとなったり、あわてたりすると、うっかり、よくない選択^{せんたく}をしてしまうことが、あります。

　9才^{さい}のオリバーは、お兄^{にい}ちゃんのスコットに、リモコンを取^とり上^あげられたとき、大声^{おおごえ}でわめき、お兄^{にい}ちゃんの背中^{せなか}を、けってしまいました。このリアクション（反応^{はんのう}）がよくなかったことは、オリバーにも、わかっていました。でも、そのときは、ほかにどうすればよいか、思^{おも}いつかなかったんです。カッとなったとき、あわててしまったときでも、安全^{あんぜん}なリアクションができるように、アクション（行動^{こうどう}）の練習^{れんしゅう}をしましょう。

ゲームのやり方^{かた}

1. 人^{ひと}さし指^{ゆび}で、円^{えん}の中^{なか}のどこかをさしながら、目^めをつむります。
2. 目^めをつむったまま、人^{ひと}さし指^{ゆび}でぐるぐると円^{えん}をえがき、好^すきなタイミングで指^{ゆび}をとめて目^めをあけます。
3. あなたの指^{ゆび}は、どのアクションをさしていますか？
   つい、カッとなりそうなことを、思^{おも}いうかべてから、指^{ゆび}がさしているアクションを、やってみます。やってみた後^{あと}、自分^{じぶん}の気持^{きも}ちは、どうなっていますか？
4. 何度^{なんど}かゲームをやってみたら、いざというときに、すぐ使^{つか}えるように、自分^{じぶん}にとって、いちばんきき目^めがありそうなアクションを、選^{えら}んでみましょう。

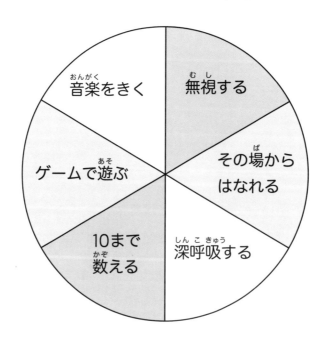

もう一度やりなおせたら

できることなら、もう一度やりなおしたい、と思うようなことは、ありますか？ 勝手に友だちのものを、かりてしまったとか、人の宿題をうつして出したとか。それによって、相手やまわりの人はどうなりましたか？ ほかに、どんなやり方があったでしょう？

自分の選択を、見つめなおすことで、これから先はもっと「かしこい選択」ができるように、簡単なワークを用意しました。くりかえし使えるように、お父さんかお母さんに、このページを、コピーしてもらいましょう。

あなたが、やりなおせたらと思うこと

- -

あなたは、どうしてそうしたの？

- -

それで、相手やまわりの人は、どうなった？

- -

あなたは、どうすればよかった？

- -

一時停止ボタンを、おそう

とっさのリアクションに、ブレーキをかけたいなら、頭の中で一時停止ボタンを、おしましょう。忘れないで。どんなときでも、相手に「ちょっと考えさせて」と言っていいんですよ。

衝動信号を守ろう

今にも、なにかしそうな自分に、ブレーキをかけるなら、赤信号を思いうかべてください。
信号は赤だから、いったん止まって、考えなくちゃいけません。
次は黄色です。自分のしようとしていることが、まちがっていないかどうかを、確かめます。
それから、ようやく青です。ブレーキをゆるめて、行動スタートです！

すすめ、自分！

　セサミストリートのエルモを知っていますか？　エルモは、いつでも自分のことを自分の名前で話します。「ぼくは」と言わずに、「エルモは、アイスクリームが大好き！」とか「エルモは、遊びたい！」とか言うんです。エルモには、じつは、なにかねらいが、あるのかもしれません。

　研究によると、自分の名前を使ってひとりごとを言うと、頭に長い時間のこりやすく、やる気を、引きだしてくれるそうなんです。なにか心配ごとがあるときは、自分で自分の名前を呼んで、ポジティブな言葉をつづけてみると、よいでしょう。

　たとえば、ニコルが、学芸会で主役をすることになって不安がっているなら、こんなふうに、自分に言います。「ニコル、安心して！　ニコル、ちゃんとできるって！」

　ダニエルが、カッとなった気持ちをしずめたいと思っているなら、こんなせりふを、口に出してみるのも、いいですね。「ダニエル、大丈夫だよ。ダニエル、何回か深呼吸してごらんよ」

さあ、今度は、あなたの番です。

1. いま自分が、どんな気持ちでいるか、考えてみてください。悲しい？ 不安？ イラ
   イラしてる？
2. たとえ、どんな気持ちでも、自分の名前を大きな声で、はっきりと口に出します。
   さらに、ポジティブな言葉をつづけることで、気分を上げていきましょう。

ちょっとバカらしく聞こえるかもしれないけれど、効果はあります。わたしも、大事
なテストの前に、やりましたよ。「ケリー、あなたならできるわよ！ ケリー、今日のテ
ストは、よく知ってる問題ばかりよ！」。おかげで、気持ちがスーッと落ちつきました。

ルールはたったひとつ。友だちに話しかけるときみたいに、ポジティブな発言をする
ことです。どんな気分のときでも、使えます。
　気持ちが軽くなるんだったら、おバカなことを言ったって、いいんです！「カイル、
部屋のそうじなんてめんどくさいかもしれないけど、うんちまみれってわけじゃないん
だから！」とかね。

自分に必要なものは？

腹が立ったときは、静かなところで、じっとしていたい子もいれば、クッションにパンチ
しないと、おさまらない子もいます。散歩に出たい、という子もいるでしょう。
自分にとって、なにがベストなのか、おぼえておいてください。そうすれば、いざというと
きに、すぐに手をうてるし、すばやく気持ちを、ととのえることができます。

ワーク／7 コントロールサークル

　大きくなると、自分でコントロールできるもの（変えられる）ものもあれば、コントロールできないものもある、ということが、わかってきます。たとえば、公園で遊びたいのに、雨がふってきたとします。それは、自分では、コントロールできないことですね。天気を思いどおりには、できません。

　でも、だれかに、いじわるを言われたとき、どんなリアクションをするかは、自分でコントロールできることです。知らんぷりするか、傷ついたことを相手に伝えるか、自分で選べるんです。コントロールできること／できないことを、見わけられるように、コントロールサークルをつくりましょう。

1. 内がわの円には、自分でコントロールできることを書きましょう。
2. 外がわの円には、コントロールできないことを書きます。
3. コントロールできることを、ひととおり読んでください。良いコントロール方法は、ありそうですか？
4. コントロールできないことを、ひととおり読んでください。どうすれば、前向きなリアクションになるでしょう？

次のページを見てください。
わたしが先にいくつか
書いてみました。

あーあ…

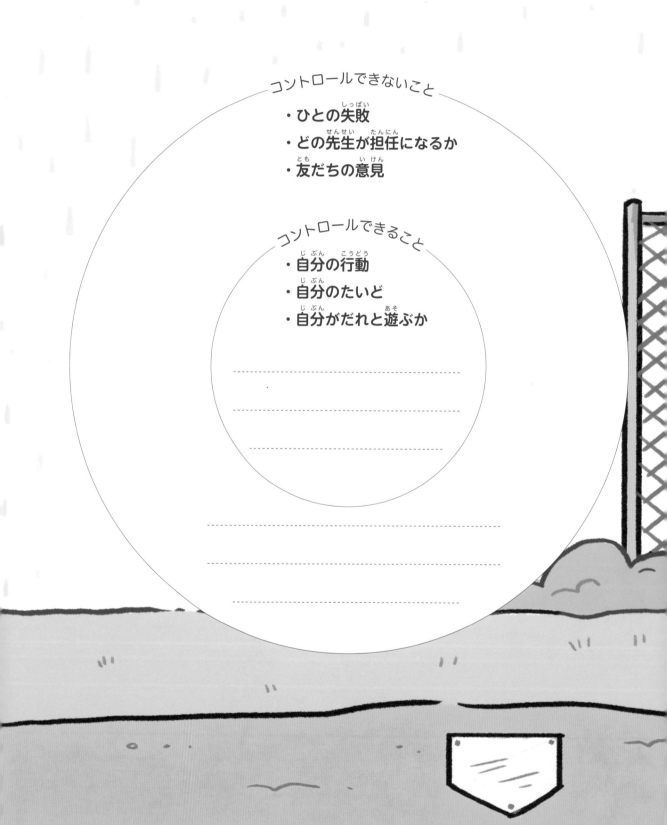

コントロールできないこと

・ひとの失敗(しっぱい)

・どの先生(せんせい)が担任(たんにん)になるか

・友(とも)だちの意見(いけん)

コントロールできること

・自分(じぶん)の行動(こうどう)

・自分(じぶん)のたいど

・自分(じぶん)がだれと遊(あそ)ぶか

がんばりましたね！

　衝動をおさえる、自分をコントロールする、かしこく選択する、どれも簡単にできることではありません。でも、大丈夫。だんだん上手になるんですよ。

5章で学んだこと
- あなたなら、「かしこい選択」ができる、たとえしくじっても、次は、もっといい選択ができる、ということをおぼえておこう。
- ビンゴをとおして、自分の気持ちを、もっとよく知ろう。
- ネガティブな気持ちや考えがめばえたときは、ポジティブなものと入れかえてしまおう。
- イライラしたときや、あわててしまったとき、気持ちを落ちつかせるためのアクションを、身につけよう。
- 心配ごとがあるときは、自分の名前を上手に使おう！
- 自分がコントロールできること、コントロールできないことを、はっきりさせよう。

お絵かきタイム!

みんな、どんどん新しいことをおぼえていますね。楽しく学んでいても、一度にたくさんは大変です。次のワークへ進むまえに、このページでひと休みしましょう。絵や字をかくのもよし、ただグルグルと線をかくのもよし。自由にどうぞ。

第 **3** 部
だい ぶ

ADHDと
うまくいくように

　これまでは、自分の得意や苦手、自分の気持ちをコントロールする方法など、自分自身について、学んできました。ここから先は、学んだことを生かして「行動」するためのレッスンです。

　テーマは、ルーティン（毎日きまってやること）、コミュニケーション（伝え方）、計画です。大丈夫、やってみましょう。きっといろんなことが、楽になりますよ！

6章

しょう

ルーティン:
やるべきことを忘れない

わ　す

ADHDと生きるうえで、ルーティンをつくることは、とても大切です。ADHDの脳は、気が散りやすいので、やるべきことをきちんとこなすには、ルーティンという「わくぐみ」をつくる必要があるからです。

学校のロッカーを、思いうかべてみてください。ロッカーがないと、自分と友だちの持ち物が、ごちゃごちゃになって、どこになにがあるのか、わからなくなってしまいます。ロッカーという「わくぐみ」があるから、みんな自分のものを、すぐに取りだすことができます。

わたしは、たくさんの子どもたちと、この問題に取りくんできました。その経験から、言えることです。あなたにとって、ルーティンをつくることが、大きな、大きな一歩になるはずです。

<table>
<tr><td>ワーク / 1</td><td></td></tr>
</table>

夜に、やることリスト

朝バタバタしないために、夜のうちにできることはないか、考えてみましょう。どんどんアイデアを出してください。

ジョーダナにやってもらったら、こんなリストができました。

前の日の夜に、やること

1. 次の日に着る服を、出しておく。
2. カバンの用意。持ち物も入れて。
3. 朝ごはん用に、シリアルボウルを、出しておく。
4. 上着を、カバンのそばに、置いておく。

あなたのリストには、なにが入るでしょう？

朝ゆっくりするために、前の日の夜に、やること

このリストは、コピーするか、別の紙に書きうつして、ねる場所の近くに、置いておきましょう。そして、ねる前のチェックを、毎日のルーティンにします。こうすれば、夜のうちに、いくつか用事をすましておけるので、朝のストレスが、少なくなりますよ！

朝マップ

　デービッドは、明るくてゆかいな8才の男の子。頭の中は、いつも新しいアイデアで、いっぱいです。デービッドは、朝が苦手でした。いろんなことに気を取られて、なにをするんだったか、全部忘れてしまうからです。

　デービッドを助けてくれたのは、朝マップでした。毎朝やるべきことをまとめた、絵のリストです。デービッドは、このマップを、朝おきたら必ず見られるよう、洗面所の鏡に、はりつけました。

　絵でできたリストは、頭の中から、きおくを引きだして、おぼえておくのに、とても役立つんです。それに、リストづくりも、すごく楽しいですよ。

デービッドの朝マップ

　次のページに、いくつか絵を、集めてみました。この中に、あなたが、朝やっていることも、あるんじゃないかしら。お父さん、お母さんにお願いして、リストに入れる絵を切りぬけるよう、コピーをとってもらいましょう。ほかにも、思いついたことがあれば、それも付けたして、朝マップをつくります。自分が、いちばんやりやすい順番で、ならべましょう。

トイレに行く

薬を飲む

かみの毛をとかす

学校の授業の準備

おべんとう

飲みもの

ベッドメイキング

部屋のかたづけ

「いってきます」のハグ

ほかに、朝やることがあれば、ここに絵をかいてください。

自分あてに、メモをのこす

　ワーク1と2で、出かける直前に、あわてないためのルーティンを、学びました。ほかにも、やるべきことを忘れないための工夫を、考えてみましょう。

　わたしから、いくつかアイデアを出してみました。自分に合いそうだと思うものを、〇でかこみましょう。空いているマスには、ほかに、やるべきことを忘れない工夫について、思いつくことがあったら、書いてください。

ふせんにメモを書いて、鏡にはる	手にメモする	アラームをかける	持ち物は、ドアのそばに置いておく
カバンの上に、メモをのせておく	カレンダーアプリのリマインダーを使う	部屋に、自分用のカレンダーを置く	歌にして、おぼえる
ボイスレコーダーに録音する	散歩やダンスをルーティンに取り入れて、体を動かしながらおぼえる	思いついたことをすぐメモできるよう、ベッドの近くにノートを置く	チェックリストをつくる
絵のリストをつくる	緊急お助けカードを使う	ていしゅつぶつの上のほうに、しめきりの日づけを書いておく	
指示や説明は、全部書きだす	指示や説明を、だれかに読みあげてもらう	何時になにをするか、前もって決めておく	

お助け！ごろ合わせ

朝おきたとき、帰ってきたとき、このおかしなメッセージを、思いだしてください。

朝おきたとき： あしたはもっとはれるかな

　　あ＝あさごはん

　　も＝もちものチェック

　　は＝はみがき

帰ってきたら： てあしをひろげてしんこきゅう

　　て＝てあらい・うがい

　　ひ＝ひと休み

　　し＝しゅくだい

どんな絵になる?

　ある結婚式場に、200人ものゲストの名前を、すぐにおぼえてしまうスタッフがいました。ゲストには、ついさっき会ったばかりなのに！　どうしたら、そんなことが、できるんでしょう?

　この人が、暗記のコツを、教えてくれましたよ。相手の名前を声に出して言ってから、その名前に、付けたすものを考えるそうです。たとえば、スージーというおばあさんに会ったら、その人のイメージに合うものを、思いうかべます。塩こしょうのスージーとかね。スージーのかみの毛は、黒い毛と白い毛が混ざっていたからです。

　このやり方で、大事な用事をおぼえましょう。おぼえておきたいことを、頭の中に、イメージしてください。遠足のお金を水曜日に持っていくなら、「水曜日」と書かれたお札を思いうかべる、というふうに。これで、忘れにくくなるはずです。

　いくつか例題をつくってみました。わたしの頭には、こんなイメージがうかびましたよ。あなたはどうでしょう?　自分なりのおぼえ方を、考えてみてください。

1. 金曜日に理科のテストがある

わたしのイメージ:実験に使う試験管から、「金曜日」という文字が出てくる

あなたのイメージ:

- -

- -

2. ダンス発表会のレッスン

わたしのイメージ:レッスンの「レ」の字にならぶダンサーたち

あなたのイメージ:

- -

- -

3. 月曜日の朝、犬の散歩をする

わたしのイメージ：犬のリードが、MONDAY（月曜日）の文字につながっている

あなたのイメージ：

行動パターンを変える

　毎日バタバタしたくないと思ったら、いつもの行動パターンを変えるか、別の行動パターンを見つけたほうが、よいかもしれません。変えるとなれば、最初は大変です。でも、長い目で見れば、そのほうが、ぜったいに楽です。思いきって変えましょう。

おやすみ前の、くつろぎタイム

1日を全速力でかけぬけた後、急に立ちどまってパタリとねるなんて、無理だと思いませんか？　だから、夜のルーティンも大切なんです。

リラは、やさしくて元気な12才の女の子。ねつきがわるくて、とても困っていました。そこで、わたしはリラに、体の力をぬいて、リラックスする方法を教えたんです。そうしたら、ひととおり終わるまえに……リラはもうぐっすり。

だれかに、読んでもらいながらやってみると、とても簡単にできますよ。

1. 横になって、目をとじます。体のすみずみまで、リラックスしているのを、感じてください。まるで、海にうかんでいるみたいでしょう。心配ごとは、波が流してくれますよ。

2. 足は、どうなっていますか。水の中にいると、ふにゃふにゃして重く感じるでしょう。力もぬけているはずです。右も左も、足の関節が、ゆっくりほぐれていきます。こわばっている指は、ありませんか。筋肉や骨の1本1本まで、ゆるんでいるのを感じてください。自分の足が、海の底へ向かって、しずんでいくような気がするでしょう。2、3回深呼吸します。

3. 足首に移ります。足首をかためているものが、水にとけて流れだすところを、イメージしてください。足首も重たくなって、リラックスしてきます。ゆっくり息を吸って、はきだします。

4. 足首から、すね、ひざ、と順番に上がっていきます。ひざをかためていたものも、水にとけていきます。ひざも、水の中にしずんでいきます。

5. さらに上へ進んで、おしり、腰も力をぬきます。水の中では重く感じるでしょう。

練習あるのみ

新しいテクニックやノウハウをおぼえようとするとき、それが身につくには、21日かかると言われています。だから、新しいテクニックをすぐにマスターできなくても、ちょっとだけがまんして、時間をかけてみるんです。練習をかさねれば、少しずつなれてきますよ。

6. 次は、手です。1本1本の指から、心配ごとが全部流れでて、水の中に消えていくところをイメージしてください。2、3回深呼吸します。手も、水中では重くなります。

7. 手から、うでを通って、肩まで来ました。肩も、おなかや胸といっしょに、重たくなります。ストレスやきんちょうは、全部フーっとはきだしてください。

8. いよいよ首まで上がってきました。首まわりの筋肉を全部ゆるめて、呼吸がゆっくりになるのを、感じましょう。

9. とうとう顔です。くいしばったあごを、ゆるめてください。あごの筋肉も、水にうかべましょう。目も重たくなって、力が入りません。最後に、頭のこわばりをほどきます。息といっしょに、たまったものをゆっくりと、はきだしてください。

どこもかしこも、楽になりましたね。

ピンチのときは息をする！

息をするなんて、当たり前のことです。だれでも、やっていることですからね！　だけど呼吸って、いつでも役に立つ、便利な道具にもなるんです。ストレスやイライラがたまってきたときも、ねつけないときも、ただリラックスしたいときも、役に立ちます。やり方は、こんな感じです。

1.　まずは、口から息を、はききります。
2.　5つ数えながら、鼻からゆっくり息を吸います。
3.　息をとめて、5つ数えてください。
4.　また5つ数えるあいだに、口からゆっくり息をはきます。
5.　これを、必要なだけ、くりかえしてください。

がんばりましたね！

今回は、ルーティンのつくり方、忘れにくくする方法などを学びました！
ここで、おさらいしておきましょう。

6章で学んだこと
- 夜のリストを使えば、朝のしたくが、スムーズになる。
- 朝やることのリストは、絵でつくる。
- 用事や予定を忘れないために、できること、使えるもの。
- ものおぼえがよくなる暗記テクニック。

おまけとして、夜のスペシャルリラクゼーションも、学びました。どうですか？　ねる時間が、待ちどおしくなったでしょう！

7_章

コミュニケーション:
友だちとうまくいく

　自分の気持ちや感情については、たくさん学んできました。
今度は、ほかの人たちについて、考えてみましょう。

　人を理解するためには、その人がどんな気持ちでいるか、
知ろうとすることが大切です。この章では、人の気持ちを理
解したいとき、友だちと仲良くなりたいとき、だれかにたの
みごとをしたいとき、良い方法はないか、調べてみようと思
います。

　いっしょに、手がかりを見つけましょう。

ワーク / 1　あの子なりの気持ち　その1

　わたしの友だちのボードは、人の気持ちをくむのが、とても上手です。ボードには、人の立場で、ものごとを考える力があるのです。この力は、わたしの仕事にも欠かせません。人の立場で考えるからこそ、自分では経験したことのないできごとや気持ちを、想像できるのですから。その人が、なにを求めているかわかれば、自分が味方になってあげられるでしょう。

　下の絵を見てください。頭にふきだしがうかんでいる子は、今どんな気持ちでしょうか。まずは、ふきだしの中身を、想像してみましょう。

あの子なりの気持ち　その2

絵に出てきた人の気持ちを、上手に想像できましたね。今度は、どうやったら友だちとして、その気持ちにこたえられるか、考えます。自分なりの答えを、書いてください。

友だちってなんだろう 〇×クイズ

正しいと思ったら〇を、まちがいだと思ったら×を、【　　　】の中に書きましょう。

1. 仲良しでいるためには、友だちがやりたいことに、
   いつでも合わせてあげなきゃいけない。　　　　　　　　　　　　　【　　　】

2. 友だちをどなってしまったら、あやまったほうがいい。　　　　　【　　　】

3. 気が進まないときは、友だちのさそいを、ことわってもいい。　　【　　　】

4. 仲良くなりたいときは、相手の好きなことについて、質問する。　【　　　】

5. にっこり笑うと、思いやりの気持ちが伝わる。　　　　　　　　　【　　　】

6. 人となにかを分け合うのは、大変。そんなことをする必要なんてない。【　　　】

7. ほかの子たちが遊んでいて、自分もなかまに入れてほしかったら、
   声をかけてみる。　　　　　　　　　　　　　　　　　　　　　　【　　　】

8. いじわるしても、みんな、自分のことを好きでいてくれる。　　　【　　　】

9. 本当の友だちは、相手のものも大切にする。　　　　　　　　　　【　　　】

10. 自分が、だれかにとって特別だと思うとうれしい。
    だから、友だちには、その子がどうして自分にとって特別なのか、伝えてもいい。
    　　　　　　　　　　　　　　　　　　　　　　　　　　　　　　【　　　】

答え

1. ×　仲良しでいることは、相手のやりたいことになんでも付きあう、という意味ではありません。

2. 〇　まちがったことをしてしまったら、まずは「ごめんなさい」が大切です。

3. 〇　ほかに、やりたいことがあるなら、言ってもいいんです。ただし、やさしく！

4. 〇　だれだって、自分の好きなことは、人に話したくなるものです。

5. 〇　笑顔には、感情を人に伝える力があります。

6. ×　なにかを人と分け合うのは大変なことですが、ゆずり合う気持ちも大事です。

7. 〇　言わないと、気づいてもらえないこともあります。聞いてみるのが、いちばんです。

8. ×　いじわるな人が、好かれることはありません。

9. 〇　人から信じてもらうには、相手のものを大切にあつかうことも、忘れてはいけません。

10. 〇　自分が特別だと言われて、その理由を知って、笑顔にならない人なんているかしら！

本当のこと3つ、うそひとつ

自分の気持ちを伝えるのは、そう簡単なことじゃありません。

フィンは、9才の女の子です。お母さんから、どうしてイライラしているのか、なにが心配なのか、聞かれるたびに困っていました。でも、このワークをとおして、楽しく気持ちを伝える練習ができましたよ！

用意するもの

- 自分の気持ちをテーマに、本当のこと3つ
- うそ（つくり話）をひとつ

本当のことを、3つ用意してください。フィンは、この3つでした。

1. 理科の授業で、わたしと組んでくれる子がいなくて、悲しかった。
2. 明日、ディズニーランドに行く予定。すごく楽しみ。
3. ピエロが怖い。

次は、うそのお話です。好きなように、つくりましょう！

4. 夕ごはんに、きらいなものが出た。こっそり、犬のマックスに、あげてしまいたいと思った。

お話の用意ができたら、友だち、お父さんお母さんなどに、どれがうそか当ててもらいましょう。まちがえる人が多くて、びっくりしますよ！　うれしいポイントは、本当の話に出てきた気持ちを、わかってもらえるところです。この方法なら、まわりの人も、あなたのことを理解しやすいはずです（友だちがいっしょにやってくれたら、あなたもその子のことを、もっと理解できますね！）。

自分に「ごきげんいかが?」

自分の気持ちを知るためには、体の変化を見のがさないことが、大切です。肩に力が入っていませんか？　もしかしたら、ムッとしたり、イライラしたりしているのかもしれません。おなかがザワザワしませんか？　それは、きんちょうしているサインかもしれません。自分の体に目を向け、なにを感じているか気づけたら、今やるべきことも見えてくるはずですよ。

れいぎ正しい vs 言いたい放題

　れいぎ正しいコミュニケーションと、言いたい放題のコミュニケーションについて、少し説明させてください。話し方には、ふたつの種類があるんです。れいぎ正しいコミュニケーションとは、相手の気持ちを大切にして、やさしく伝えることです。言いたい放題のコミュニケーションとは、相手の気持ちもマナーも気にせず、自分が言いたいように、言うことです。太字の発言は、どちらに当たるでしょうか？　〇をつけましょう。

お母さん：「ジャック、お皿を流しにさげてくれない？」

ジャック：「やだよ。今ゲームしてるの！」

れいぎ正しい　／　言いたい放題

お母さん：「ジャック、お皿を流しにさげてくれない？」

ジャック：「ごめん、お母さん！　このゲームが終わってからでもいい？」

れいぎ正しい　／　言いたい放題

　テオとテスが、遊んでいます。テオは、テスが遊びたがっているおもちゃを、なかなか手ばなしません。テスはテオに言いました。

「テオ、そのおもちゃ、そろそろ、わたしも遊んでいい？」

れいぎ正しい　／　言いたい放題

　テオとテスが、遊んでいます。テオは、テスが遊びたがっているおもちゃを、なかなか手ばなしません。テスはテオに言いました。

「テオばっかり、ずーっと、そのおもちゃで遊んでる！　ずるいよ。わたしの番でしょ。はやくちょうだい！」

れいぎ正しい　／　言いたい放題

　れいぎ正しいコミュニケーションのほうが、すてきですよね。だれでも、言いたい放題になってしまうことは、あります。でも、れいぎ正しく伝えたほうが、思いは通じやすいということを、おぼえておきましょう。

ほっともっと活動

　わたしが12才のとき、フランス語の教室を出たところで、男の子たちに、からかわれたことがあります。それはもうはずかしくて、穴があったら入りたい気分でした！　アンディーという男の子が、この様子を見ていたらしく、あとになって、わたしのところへ来ました。アンディーは、わたしの顔をのぞきこみ、ハグをして「大丈夫？」と聞いてくれたんです。ふかい思いやりを、感じました。これは本当に、すてきなできごとでした。大人になった今でも、あのときのアンディーのやさしさは、忘れられません。

　だれかに、とてもやさしくしてもらった、助けてもらったと思うことを、書いてください。

　今度は、どうすれば、自分が人をほっとした気持ちにできるか、考えてみましょう。

人の心は読める？

　人の心が読めたらいいのに、と思うことは、ありませんか？ わたしは、あります！
　だけど、超能力者でもないかぎり、相手がどんな気持ちで、なにを伝えたいのかは、言ってもらわないと、確かめられません。
　だから、人に自分の希望や願いを、わかってほしいなら、自分から言っていいんですよ。

どうやって、お願いしよう

絵を見て、たのみごとをするときの言い方を、選びましょう。絵とせりふを、線で結んでください。

これを完成させたいんだけど、
手伝ってもらえないかな？

いっしょに遊んでもいい？

もう一度、説明してもらっても
いいですか？

ありがとう。食べてみたんだけど、
ちょっと口に合わなくて。

こんなに散らかっていたら、
もうお手上げだ……。
どこから手をつけたらいいか、
いっしょに考えてくれない？

サンドイッチ方式

だれかに自分の思いを伝えるのは、簡単なことじゃありません。そんなときに使えるテクニックの中でも、わたしが特に気に入っているのは「サンドイッチ方式」です。

まず、相手にとって、うれしいことを言います。次に、自分の気持ちや、その人にお願いしたいことを伝えたら、最後に、また前向きな話をします。

パン：相手にとって、うれしいことを言う
ハム：自分の気持ち、お願いしたいことを言う
パン：前向きな話で終わる

きみって頭いいなぁ

ぼく／わたしの話も
さいごまで聞いてほしいな！

いいアイデアをありがとう！

コナーが考えたサンドイッチ

パン：ねえ、ぼくはエラと同じサッカーチームで、本当によかったと思ってる。
エラのこと、好きだよ。

ハム：でもさ、だれもぼくのことを好きじゃないなんて言われたら、
傷つくし悲しいよ。

パン：エラには、そんな言い方してほしくない。だって友だちでいたいから。

ほっともっと週間

ワーク6の「ほっともっと活動」を、広げていきます。

学校で、月曜日から金曜日まで、毎日だれかひとりを助けます。その子がどんな反応をしたか、それで自分がどう感じたか、ここに書いてください。

1週間つづけたら、どうなるでしょう。きっと、だれにとっても、うれしいことばかり。そんな気がしますよ。

あの子、本当はどう思ってる?

だれかのことで、悲しんだり、かわいそうに思ったりすることが、あるでしょう。そういうときは、もう一歩ふみこんで、その人の立場で、考えてみましょう。

「自分がその人の立場なら」から出発して、「この人はこんな気持ちにちがいない」と想像をめぐらすことが大切です。

がんばりましたね！

　人の立場や気持ちを想像する力について、くわしく見てきました。この力は、学んで身につけることが、できるんです。練習をかさねるうちに、少しずつ上手になるはずですよ。

　　7章で学んだこと
- その人の気持ちを、その人の立場に立って考える。
- 良い友だちでいるために、できること。
- たのみごとは、れいぎ正しく。
- サンドイッチ方式で、思いを伝える。

　まわりの人たちと、いい関係をつくりたいと思ったら、今回学んだことが、きっと役に立つでしょう。

お絵かきタイム!

みんな、どんどん新しいことをおぼえていますね。楽しく学んでいても、一度にたくさんは大変です。次のワークへ進むまえに、このページでひと休みしましょう。絵や字をかくのもよし、ただグルグルと線をかくのもよし。自由にどうぞ。

8章

計画:
目標に向かって進む

　勉強、宿題、目標。聞いただけで、めまいがしてきませんか？　心配しないで。ものごとを計画的にこなすための、工夫やコツが、あるんです！

　まずは、自分の得意な取りくみ方を知ることから、始めましょう。あなたの強みが、目標に向かって進む力になります。

あなたの学習タイプはどれ?

学習タイプには、「耳で」学ぶ、「目で」学ぶ、「体で」学ぶ、この３つのタイプがあります。下に、それぞれのタイプの特徴を書きました。自分に当てはまる特徴に、チェックを入れてみましょう。自分のタイプがわかると、うまく学習を進められるようになります。

耳で学ぶタイプ

☐ 先生が口で説明してくれるのが、いちばんわかりやすい。

☐ ごろ合わせで、おぼえるのが得意。

☐ これから始める宿題に、どれくらい時間がかかるか、だいたい予想できる。

目で学ぶタイプ

☐ なにかをおぼえるとき、図や絵や写真のような状態で頭にのこる。

☐ 目の前でやって見せてもらうと、よくわかる。

☐ 想像力がゆたかだと言われる。

体で学ぶタイプ

☐ 動いたり、さわったりしながら学ぶのが、いちばん。

☐ 外で音がしたり、なにか光ったりすると、よく気がつく。

☐ どのくらい時間がたったか、わからなくなることがある。

もしかしたら、タイプが混ざっていることも、あるかもしれません。でも、どれかひとつ、中心になるタイプがあるはずです。

耳で学ぶタイプの人は、指示を声に出して言ってもらえば、楽になるでしょう。なんでもできるだけ、耳から聞いてやってみましょう。

目で学ぶタイプの人は、指示を書きだしてもらうか、やって見せてもらうのが、合っていると思います。調べものをするときは、絵にかいたり、書きだしたりすることも、役に立ちますよ。

体で学ぶタイプなら、勉強中に席を立つ、手をふれる、体を動かすといったことができるように、許可をもらいましょう。

週間宿題表

　ついつい、忘れてしまうんですよね。12才のエランも、スケジュール管理が苦手でした。いつなにをするか、おぼえていられなかったんです。でも、わたしといっしょに、週間宿題表をつくったら、きちんとこなせるように、なりましたよ。

　次のページの表をコピーして、宿題表をつくってみましょう。月曜日に、1週間分の日づけを入れて、どの日になんの宿題があるか、書きこみます。下の表は見本です。

	月曜日 6月1日	火曜日 6月2日	水曜日 6月3日	木曜日 6月4日	金曜日 6月5日
国語	漢字ドリル	漢字ドリル	漢字ドリル	漢字ドリル おんどく	漢字ドリル
算数	計算ドリル	計算ドリル	計算ドリル	計算ドリル	計算ドリル
理科					
社会					
外国語					
そのほか		リコーダー 練習			

	月曜日 （げつようび） 月　日 （がつ）（にち）	火曜日 （かようび） 月　日 （がつ）（にち）	水曜日 （すいようび） 月　日 （がつ）（にち）	木曜日 （もくようび） 月　日 （がつ）（にち）	金曜日 （きんようび） 月　日 （がつ）（にち）
国語 （こくご）					
算数 （さんすう）					
理科 （りか）					
社会 （しゃかい）					
外国語 （がいこくご）					
そのほか					

ワーク 3 「優先順位」の石

エリーは10才の女の子。やらなければいけないことが、たくさんあって、困っていました。なにから始めればよいか、わからなくなってしまうんです。そこで、エリーとわたしは、物語をつくりました。

エリーが森の中を歩いていると、ものすごく重くて、
岩のような石が、道をふさいでいました。
なんとか持ち上げてどかすと、
今度は、レンガくらいの大きさの石が、落ちています。
少し力がいりましたが、最初の石ほど重くありません。
最後に見つけたのは、小石です。
もちろん、とても軽いので、すぐに動かすことができました。

お話の後、エリーには、学校の課題を「石」と結びつけて、考えてもらいました。
　いちばん大切な、今日まずやらなければいけないことが岩です。エリーにとっては、テスト勉強でした。無事に終われば、ほっとするでしょう。肩にかついでいた岩を、おろしたみたいに！
　次に大切なのが、レンガです。重要だけど、岩ほどではないもの。毎日の宿題や音読などでしょうか。こういうものを、はじめに終わらせたほうが、よい場合もありますが、岩の課題ほど、時間はかからないはずです。
　最後の小石は、いちばんお気楽です。すぐに出さなくてもよい課題や、すぐにできてしまうものですね。

　あなたにとって、岩、レンガ、小石にあたる課題とは、どんなものでしょうか？　試しに、明日やることを書きだして、岩・レンガ・小石と、線でつないでください。
　こうすることで、自分の「優先順位」が見えてきます。つまり、取りくむ順番が、はっきりするということですね。

108

【明日やること】

助けを求めるか、自分でやるか（どちらでもいいですよ！）

「ひとりで、できる」は、うれしいことです。一方で、だれかの力をかりなければ、できないことも、あります。それはそれで、いいんです！　どうするべきか、わかるのは自分だけです。自分でやってみたけど、やっぱり、だれかに手伝ってもらいたいと思ったら、そのときは助けを求めていいんです。

「そのとき」どうなる?

なにかをやりとげたいなら、その場面を、前もって、はっきり思いえがきましょう。発表会の劇が心配なら、ステージに立つところを、想像してください。あなたは、どんないしょうを着ていますか? 役になりきって、どうどうとセリフを口にしていますね。お客さんの声も、聞こえます。胸をはってほほえむ自分の姿が、見えるでしょう。

テスト前で不安なときも、この方法が使えます。どんな教室ですか? となりの席には、だれが座っていますか? 机にさわった感じは、どうでしょう? あなたは、落ちついています。きちんと勉強したんですから。えんぴつのにおい、テスト用紙の手ざわりまで、イメージしてください。ほら、答えを書いていますよ。うまくいっている自分を、あざやかに思いうかべましょう。

さぁ、やってみましょう。気持ちが、すくんでしまう場面で、どんなふうになったら、うれしいかを、絵にしてください。キラキラや爆発する線を、かきこんでもいいし、おうえんしてくれる人を、たくさんかいてもいいですよ。思いついたものは、全部書きこみましょう!

3段計画

計画を立てるのが苦手な人は、たくさんいます。大人にもいます。だけど、まだ子どもで、ADHDがあると、計画を立てたり目標を決めたりするのは、特に大変で、計画を実行するのは、もっと大変かもしれません！　だから、わたしに、お手伝いさせてください。やりたいことを、すんなり進められる3段計画を、しょうかいします。

1. めあてや目標、予定を決める。

アレックスは「もっといい成績をとる」という目標を立ててました。

2. その目標を、小さな目標に分ける。

いい成績をとるために、アレックスが思いついた小さな目標は、この4つです。

　①ふだんから勉強する。

　②よくねる。

　③必要なときは、だれかに手伝いをたのむ。

　④レポートを、ギリギリまで、ほったらかしにしない。

3. 小さな目標を、もっと小さなステップに分ける。

アレックスの場合は、こうでした。

　①′毎日の勉強時間を決める。

　②′30分はやくベッドに入る。

　③′手伝ってくれる人たちを、リストアップしておく。

　④′カレンダーを使って、レポートを出す日が、わかるようにする。毎日30分は、

　　　レポートをがんばる。

月間カレンダー

毎月、自分用のカレンダーに予定を書くことで、「全体の様子」が、つかみやすくなります。インターネットで「月間カレンダー」と検さくすれば、プリントアウトできるものも、見つかりますよ。

計画を立てるときは、まず、課題のしめきりを、書きこみます。そこから時間をまきもどして、小さい目標を、決めていきましょう。

行動を、少しだけ変えるところが、ミソです。小さな変化ですが、大きなちがいを生みます。なんといっても、目標に向けて、やるべきことが、はっきりするんですから。あなたには、なにか目標がありますか？　その目標を、こまかく分けていきましょう。

1. 目標:

   ----

2. 小さな目標:
   1.

   2.

   3.
   ----

3. もっと小さなステップ（なにをどうするのか、はっきりわかるように）
   1.

   2.

   3.

そのちょうし！

小さな目標

英語には、こんな言いならわしがあります。「どうやってゾウを食べる？　一度に1口ずつ」。本当に、ゾウを食べるわけではありません。この言葉の意味は、ものすごく大きい課題でも、自分なりの、小さなステップで進めていけば、なんとかなる、ということです。
たとえば、夏休みの自由研究なら、最初の1週間で、テーマを決めます。ささやかな作業ですが、まるまる1週間使えます。2週目は、テーマについて調べましょう。3週目は、調べたことを、どんなふうにまとめるか、考えます。最後の週は、清書します。
こうすれば、小さな目標だけに集中して進められます。

112

クロスワードパズル

このクロスワードパズルは、楽しいだけじゃなく、力だめしができて、かしこくなれるんです。今まで学んだことを思いだしてください。やるべきことをきちんとこなすための工夫には、どんなものがありましたか？

ヒント

たて

1. 気が散ってしまったときも、
   このカードがあれば安心。

3. ○○○○○に向けて小さなステップ
   をつくれば、見通しが立てやすくなる。

よこ

2. ○○○○をセットしておくと、
   用事を忘れずにすむ。

4. 絵のリストは、○○○を頭の中から、
   引きだしてくれる。

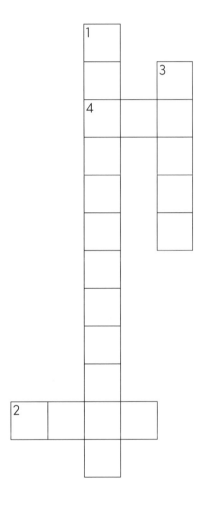

答え：1. きんちょうをほぐすカード　2. アラーム　3. もくひょう　4. やること

困った迷路

　困ったことなんておきなければ、毎日つつがなくすごせるのですが、人生には、予想外のトラブルが、つきものです。工夫をこらして、乗りこえましょう。

　下の迷路を見てください。1～5の「困ったこと」を乗りこえながら、ゴールを目指します。乗りこえるために、なにができるかを、右のページに書きこんでください。
　困ったことだらけの大変な1日を、なんとか切りぬけましょう！

スタート

ゴール

困ったこと1：大雨の中、学校に行かなくちゃいけない。

困ったこと2：えんぴつが折れた！

困ったこと3：弟が、宿題のプリントに落書きしてる！

困ったこと4：ごはんの時間じゃないのに、おなかが、すいてきちゃった……。

困ったこと5：お母さん／お父さんが、ドアを強くしめた。どうしよう、怒らせちゃったかな……？

こんなところまで進んできたなんて、そろそろ、ごほうびを、もらわないとね！ 下の表を使ってみましょう。このまま使ってもいいし、好きなキャラクターや色をつけたして、オリジナルの表をつくってもいいですよ。

お父さんやお母さんが、あなたのがんばりに気づいたら、そのたびに星をひとつ、書いてもらいます。星が横1列そろったら、おまちかねのごほうびタイム！

すごいね!	そのちょうし!	がんばってるね!	自信持って!	おめでとう!

がんばりましたね！

勉強も宿題も、前より、やりやすくなったかな？
今回も、たくさんのことを、学びました。

8章で学んだこと
● 自分にとってベストな学習のしかた
● 準備をととのえて、1週間をスタートする。
● 3種類の石に見たてて、優先順位を決める。
● 目標に、たどりついた自分をイメージする。
● 3段階で計画を立てる。

　それに、クロスワードパズルをといて、やるべきことを、てきぱき進めるコツも、思いだせました。

　そのちょうし！

9章

準備はオーケー!

　とうとう、ここまで来ましたね！　自分のトリガーを見つけ、予防する方法をおぼえました。しっかり集中できるように、衝動をおさえられるように、かしこく選択できるように、たくさんのテクニックを学びました。

　ルーティンの大切さも、宿題をすませるための工夫も、もう知っていますね。コミュニケーションや、友だちづきあい、自分の思いを伝える方法についても、勉強しました。

　最後に少しだけ、学んだことを確かめるためのワークが、のこっています。あとひと息。みんな、さすがです！

かがやく未来

あなたは、どんな人になりたいですか？　優等生？　お医者さんや警察官？　映画に出演する俳優さん？　友だちにやさしい人？　友だちがたくさんいる人？

この本のはじめに、自分を絵にかいてもらいましたね（27ページ）。そこから、いろんなワークをやってきた今、もう一度かいてみませんか。

ぐんぐん成長中のあなたは、どんな姿になっていくでしょう？

未来の自分へ

　わたしが、大人向けの合宿に、参加したときのことです。自分に手紙を書いて、自宅あてのふうとうに入れる、というワークがありました。その手紙は、ちょうど1年後に、わたしに届きました。手紙を読むと、自分が1年間でどれほど変わったか、よくわかりました。わたしにとって、忘れられない経験です。

　あなたにも、やってみてほしいと思います。自分あてに手紙を書くんです。目標、夢、不安、友だちのこと、希望———なんでも、書けるだけ書いてください！　そうしたら、ふうとうに入れて、あて先を書いて、切手をはって、お父さんかお母さんか先生か、信じられる大人に、あずけます。1年たったら、ポストに入れてもらいましょう。

月　　　日

_____ へ

より

未来へのはしご

　あなたには、目指していることがありますか？ 動物のお医者さん？ 画家？ 学校の先生？ エンジニア？

　その目標を、はしごのいちばん上に、書いてください。それから、目標までの1段1段に、自分ができる小さなステップを、書きます。高校を卒業するとか、この科目を特にがんばるとか、目標に近づけそうなことなら、なんでもいいんです。今ふみだそうとする、その一歩が、いずれ必ず自分の力になるということ。それだけは、おぼえておいてくださいね。自分を信じて！

目標

なるほど！

3段目

2段目

1段目

将来の夢レシピ

わたしのおばあちゃんが、焼いてくれるジャムクッキーは、天下一品でした。レシピは、おばあちゃんのオリジナルです！

あなたも、将来の夢に向けた、自分なりのレシピを考えてみましょう。見本を、参考にしてみてください。材料の種類や量は、人それぞれですから、なにがどれだけ必要か、自分で決めていいんですよ。

将来の夢レシピ　見本

- 努力　3カップ
- 工夫　1カップ
- アイデア　大さじ1
- 想像力　3/4カップ

- リーダーシップ　2カップ
- チームワーク　1カップ
- やさしさ　小さじ2
- 芸術センス　1カップ

1カップは200cc、大さじ1は15cc、小さじ1は5ccなので、カップは「いっぱい」、大さじは「少し」、小さじは「ほんのちょっと」という感じですね。

将来の夢レシピ（自分用）

ハードル走

　どんな人にとっても、目標への道のりには、障害物がつきものです。それが、ふつうです。人生は、まっすぐのびるたいらな道ではありません。ピンチを切りぬけるには、障害物のかわし方を見つけるのが、いちばんです。

　いくつかハードルを、用意しました。さあ、飛びこえましょう。ベストな方法を選んで、線で結びます。

● 思うように集中できない

● 人からいやなことを
　言われる

● 課題がうまくいかなかった

● ひとりでいるとさびしい

● テストが心配でたまらない

● 失敗は、成功への第一歩、
　さらなるチャレンジへの第一
　歩だということを思いだす

● 友だちをさそってみる

● ちょっとひと休みする

● 深呼吸して、うまくいったと
　ころをイメージする

● 前向きな言葉をかけてくれる
　人たちと、いっしょにいる

心に火をつけよう！

　あなたにとって、あこがれの人、本当にすごいと思う人は、だれですか？　その人の写真をかべにはって、自分もそんなふうになれる！と勇気をもらいましょう。その人が、どうしてそんなに立派なのか、考えてみてください。身近な人（お父さんお母さんや先生など）なら、どんないきさつがあったのか、聞いてみましょう。
　いつだって、グッときた相手からは、学ぶことがあるものです。

ゲームは味方！

　ADHDとの付きあい方を学ぶ方法は、ほかにもあります。遊びながら、学びにもなる、たのもしい味方が、いるんですよ。それが、ゲームです！　だれかと対戦することは、相手の気持ちを考える力になります。負けたときには、イライラやムカムカを、おさえる練習にもなります。下に、特におすすめのゲームを、しょうかいします。

（編注：●は著者から、★は監修者からの、しょうかいです。※をつけたゲームは、右ページに、やり方を示しました。※のついていないゲームは、一般的なルールで、楽しんでください）

ゲーム	どんな力がつくか
● いす取りゲーム	集中して聞く
● こおり鬼	まわりに注意をはらう
● ウノ	計画的に、てきぱき取りくむ
● ジェンガ	計画的に取りくむ。気持ちをコントロールする
● チェス	覚える。計画的に取りくむ
● 数独	覚える。計画的に取りくむ
● 船長さんの命令	よく聞いて行動に移す
★ ブラインドウォーク※	状況を理解する
★ 目かくし鬼ごっこ	行動と気持ちをコントロールする。状況を理解する
★ ボッチャ	順番を守る。集中して取りくむ。気持ちをコントロールする。状況を理解する
★ 風船バレー※	まわりに注意をはらう。集中して取りくむ。気持ちをコントロールする。状況を理解する
★ 白黒ゲーム※	集中して取りくむ。予想外の展開を、楽しむ
★ ダンボール積み木※	注意して見る。協力する

ほかに、思いつくゲームがあったら、メモしておきましょう。

やり方

ブラインドウォーク

目かくしをする人と、情報を伝える人に分かれて、スタートからゴールを、めざす。

目かくし鬼ごっこ （ブラインドウォークで、目かくしをすることや、情報を伝えることに慣れてから）

1. 鬼は、部屋の外で待ち、30秒のタイマーをかける。
2. ほかの人は、30秒の間に、部屋の中で、立ち位置を決める。タイマーが鳴ったら、その位置から動かない。
3. 鬼が、目かくしをした状態で、部屋に入る。ほかの人は、鬼の様子を見ながら、床をたたいたり、声を出したりして、自分の場所を知らせる。鬼が、机などにぶつかりそうなときも、声を出して知らせる。

※机の下や、カーテンの中に、かくれるのは禁止。

風船バレー

何回で、相手／相手チームに返すかを決めて、風船バレーをする。何回で返すかは、チームの人数以上とする（チーム全員が、少なくとも1回ずつは、風船にさわってから返せるように）。

白黒ゲーム

オセロのように、表裏で白黒になっているものを、用意する。

対戦形式
1. 自分の色と制限時間を、決める。
2. 決めたエリアの中に、白と黒を同じ数だけ広げる。
3. 決まった時間内で、どちらが多く、ひっくり返せるかを競う。

個人戦
1. 白か黒、どちらかの色を、表にして広げる。
2. 決まった時間内で、何枚ひっくり返せるか。

ダンボール積み木

次のような遊び方が、できます。

・だれか（お父さん、お母さん、きょうだい、友だちなど）が作った形と、同じ形を作る。

・だれか（お父さん、お母さん、きょうだい、友だちなど）と協力して、大きな形を作る。

・たくさん、ならべて、ドミノにする。

がんばりましたね！

　学んだことを力に、飛びたつときです！

　あなたが、いっしょうけんめいこの本を読み、最後までワークをつづけてくれたことに、わたしから大きなはく手を、おくります。

　最後に、これから先も、その努力をつづけるための方法を、いくつか学びました。

　9章で学んだこと
- 自分の「これからの成長」を、思いえがく
- これから出合いそうなピンチの切りぬけ方
- ADHDとうまく付きあう力がつくゲーム

　くれぐれも、自分にできることを、忘れないでください。なんと言っても、あなたには、あなただけの才能があるんですから。

　それから、もうひとつ。おさらいがしたくなったら、いつでもこの本に、もどってきてくださいね。

　あなたの活やくを、楽しみにしています！

ADHDへの理解を助ける資料集

★つきは、監修者からのおすすめです。

大人向け

『子どもが聴いてくれる話し方と子どもが話してくれる聴き方大全』
　アデル・フェイバ、エレイン・マズリッシュ 著、三津乃リーディ、中野早苗 共訳、きこ書房、2013

『でこぼこした発達の子どもたち:感覚統合の問題と上手につきあっていくために』
　キャロル・ストック・クラノウィッツ 著、土田玲子 監訳、高松綾子 訳、金子書房、2020

『脳の配線と才能の偏り:個人の潜在能力を掘り起こす』
　ゲイル・サルツ 著、竹内要江 訳、パンローリング、2017

『しあわせ育児の脳科学』
　ダニエル・J・シーゲル、ティナ・ペイン・ブライソン 著、森内薫 訳、早川書房、2012

より専門的に学びたい

★『知ってほしい 乳幼児から大人までのADHD・ASD・LD　ライフサイクルに沿った発達障害支援ガイドブック』
　齊藤万比古、小枝達也、本田秀夫 編集、診断と治療社、2017

★『学校の中の発達障害　「多数派」「標準」「友達」に合わせられない子どもたち』
　本田秀夫 著、SBクリエイティブ、2022

★『自分をコントロールする力 非認知スキルの心理学』
　森口佑介 著、講談社、2019

親自身の対応のヒントを知る

★『イライラしない、怒らない ADHDの人のためのアンガーマネジメント』
　高山恵子 著、講談社、2016

★『ちょっとしたことでうまくいく 発達障害の人が上手に暮らすための本』
　村上由美 著、翔泳社、2018

ADHDの子どもの育て方のポイントを、もっと学びたい

★『ADHDの子の育て方のコツがわかる本』
　本田秀夫、日戸由刈 監修、講談社、2017

★『発達障害の子の立ち直り力「レジリエンス」を育てる本』
　藤野博、日戸由刈 監修、講談社、2015

★『発達が気になる子の子育て10か条　生活スキルやコミュニケーションを伸ばすコツ』
　日戸由刈、萬木はるか 著、中央法規出版、2022

★『おっちょこちょいにつけるクスリ 家族の想い編　ADHDなど発達障害のある子の本当の支援』
　高山恵子 編著、えじそんくらぶ 著、ぶどう社、2007

子ども向け

『レッド あかくてあおいクレヨンのはなし』
　マイケル・ホール 著、上田勢子 訳、子どもの未来社、2017

★『きみのことが だいすき』
　いぬいさえこ 作・絵、パイインターナショナル、2022

※原書にあった英語版のみのコンテンツについては、本書での紹介は割愛し、小社 HP の書誌ページに詳細をアップしています。
https://toyokanbooks.com/products/5570

出典

1　"Famous People with ADHD." Accessed March 3, 2018. http://www.addadult.com/add-education-center/famous-people-with-adhd/

2　『Outside the Box: Rethinking ADD/ADHD in children and Adults』Thomas E Brown 著、American Psychiatric Association Publishing、2017

3　"ADD vs. ADHD: The Three Types of Attention Deficit Disorder." ADDitude. Accessed March 3, 2018. https://www.additudemag.com/3-types-of-adhd/

4　"29 Famous People Who Failed Before They Succeeded." Business Insider, July 9, 2015. http://www.businessinsider.com/successful-people-who-failed-at-first-2015-7/#even-spielberg-was-rejected-by-the-university-of-southern-california-school-of-cinematic-arts-multiple-times-3

5　"Chesley B. 'Sully' Sullenberger, III: Author, Speaker, Safety Advocate." Sully Sullenberger. Accessed March 3, 2018. http://www.sullysullenberger.com/about/

6　"Talking to Yourself in the Third Person Can Reduce Stress and Negative Emotions." Science Alert, July 28, 2017. https://www.sciencealert.com/talking-to-yourself-in-the-third-person-can-help-you-stay-in-control/

ケリー・ミラー KELLI MILLER

2004年、ペンシルバニア大学にて社会福祉学修士号(MSW)を取得。州の認可を受けたソーシャルワーカー(LCSW)として働きながら、これまでに500人以上のクライアントをサポートしている。テレビ・ラジオ出演、寄稿、米国最大のメーリングリストでのコラムニストなど多方面で活躍。2018年に刊行された本書の原書『Thriving with ADHD Workbook for Kids』は15万部以上を売り上げ、多言語に翻訳されている。最新作に『Love Hacks: Simple Solutions to Your Most Common Relationship Issues』(2024年刊)がある。
(皿洗いで)愛をそそいでくれる夫デービッド、ADHDの息子レミーとロンドン、ウィペット犬のムースとともに暮らしている。

池田 真弥子

翻訳者。上智大学文学部心理学科卒。上智大学大学院文学研究科心理学専攻博士前期課程修了。臨床心理士の資格を取得し、医療機関、学校、療育センターなどで、心理判定員、心理カウンセラー、スクールカウンセラーとして勤務。その後、翻訳の道へ。訳書に『賢い人の秘密 天才アリストテレスが史上最も偉大な王に教えた「6つの知恵」』(文響社)。

日戸 由刈

相模女子大学人間社会学部人間心理学科教授。博士(教育学)。公認心理師。臨床心理士。臨床発達心理士。横浜市総合リハビリテーションセンター発達精神科外来に心理職として20年勤務。同センター児童発達支援事業所「ぴーす新横浜」園長を経て、2018年より現職。著書、監修書多数。

ADHDといっしょに!
自分の強みがわかって自信がつく60の楽しいワーク

2024(令和6)年7月16日　初版第1刷発行

著者　　　ケリー・ミラー
訳者　　　池田真弥子
監修者　　日戸由刈
発行者　　錦織圭之介
発行所　　株式会社東洋館出版社
　　　　　〒101-0054
　　　　　東京都千代田区神田錦町2丁目9番1号コンフォール安田ビル2階
　　　　　(代表)電話　03-6778-4343　　FAX　03-5281-8091
　　　　　(営業部)電話　03-6778-7278　　FAX　03-5281-8092
　　　　　振替　00180-7-96823
　　　　　URL　https://www.toyokanbooks.com/

装丁・本文フォーマット　阿部早紀子
イラスト　　　サラ・リーバー(SARAH REBAR)
監修協力　　　萬木はるか(京都市発達障害者支援センターかがやき)
印刷・製本　　株式会社シナノ

ISBN 978-4-491-05570-1　／　Printed in Japan
Japanese translation rights arranged with CALLISTO MEDIA, INC.
through Japan UNI Agency, Inc., Tokyo